Hermann Wohlgschaft

Make love not war!
Können Kriege »gerecht« sein?

VERRAI-VERLAG
STUTTGART

DANK

Mein besonderer Dank gilt der Historikerin und Altphilologin Eva-Maria Kautz, die das Buch von Anfang an kritisch begleitete und mir viele Anregungen gab. Ferner danke ich dem Lektor Stefan Lutterbüse für die aufmerksame Durchsicht der Texte, Marianne Hermann für das Mitlesen der Korrekturen, Anni Eschenbach, Judith Jäger, Werner Kittstein, Sigrid Pflug, Kyrilla Schweitzer, Peter Seidel und Gretl Uhl für wichtige Gesprächsbeiträge, die in das Buch mit eingeflossen sind.

Kaufering, im September 2022

Inhalt

Gib uns Frieden jeden Tag!
Lass uns nicht allein.
Du hast uns dein Wort gegeben,
stets bei uns zu sein.

Rüdeger Lüders

Einführung

Kaum hatten sich die Pforten des Paradieses hinter Adam und Eva geschlossen und kaum hatten ihnen die Engel des Herrn – die kriegerischen Cherubim mit der flammenden Schwertklinge – die Rückkehr in den Paradiesesgarten verwehrt, da begann schon das Morden. Kain erschlug seinen Bruder Abel aus Missgunst und Neid. Gott, der Herr, aber wollte nicht, dass Kain nun, im Gegenzug, ebenfalls verfolgt und getötet werde.

So heißt es in der biblischen Urgeschichte (Gen 3,24; 4,3-16). Ganz profan, ohne poetische Ausschmückung und ohne mythologisches Bild gesprochen: Die Menschheit, vor allem ihre männliche Hälfte, ist von Natur aus kriegerisch und gewaltbereit. Von einem göttlichen Tötungsverbot will sie nichts wissen.

Fast immer wird die Menschheitsgeschichte als Kriegsgeschichte dargestellt. Schon die ältesten bekannten Dichtungen der europäischen Zivilisation handeln vom Krieg. Homer erzählt in seinen berühmten Werken ›Ilias‹ und ›Odyssee‹ vom ›Trojanischen Krieg‹, der sich bereits im 12. Jahrhundert vor Christus ereignet hatte und noch im 8. vorchristlichen Jahrhundert das Bewusstsein der Zeitgenossen Homers prägte. Auch die Mythen und Berichte anderer Kulturkreise – wie Chinas, der Ägypter, der Römer, der Wikinger, der Azteken oder Paläoindianer – sind voll von Schilderungen und Verherrlichungen kriegerischer Grausamkeiten.

Wir feiern gerne die Helden, die Sieger. Ja, die meisten Geschichtsbücher sind aus der Perspektive der Sieger, der überlegenen Kriegsherren geschrieben, nicht aus der Sicht der Verlierer, der geschundenen Opfer. Mindestens bis zur Mitte des 20. Jahrhunderts war Geschichtsschreibung so gut wie identisch mit Militärhistorie[1] und bewegte sich im einfachen Schema von ›Gewinnen‹ und ›Verlieren‹. Eine wissenschaftliche Friedens- und Konfliktforschung, die nach den Voraussetzungen für einen anhaltenden Völkerfrieden sucht, hat sich erst in den 1960er Jahren entwickelt – nach der Gründung eines Forschungsinstituts in Oslo durch den norwegischen Soziologen und Politologen Johan Galtung.[2]

Obwohl ich einen Krieg nie als Beteiligter erlebt habe, brennt mir das verbrecherische Kriegsgeschehen, auch biographisch bedingt, unter den Nägeln. Mein nach sechzehn Krankheitsjahren früh verstorbener Vater kämpfte bis 1942 als Frontoffizier in der Ukraine (die damals zur Sowjetunion gehörte) und wurde dort schwer verwundet – mit lebenslänglichen Folgen. Ich selbst habe, als Wehrpflichtiger und Unteroffizier bei der Feldartillerie der Bundeswehr, das Kriegshandwerk ein Stück weit erlernt. Dass ich es (abgesehen von Manövern) nie ausüben musste, verdanke ich einem günstigen Schicksal. Vielen anderen bleibt diese Gunst versagt.

1 Heldenkult und Kriegsgeschrei

Kriege wurden vermutlich seit Beginn der Menschheitsgeschichte organisiert und geführt. Der Krieg sei »aller Dinge Vater, aller Dinge König«, hat der altgriechische Philosoph Heraklit um 500 vor Christus formuliert.[3] Der Krieg scheint immer und in nahezu allen Weltgegenden das bevorzugte Mittel der Politik gewesen zu sein – und ist es in vielen Regionen noch heute. Zweifellos gehören Kriege zur Realität dieser Welt. Aber muss man sie einfach so hinnehmen – wie einen Vulkanausbruch oder eine Flutkatastrophe?

Zumindest für die Medien erscheint der Krieg offensichtlich viel attraktiver als der Frieden. Schuldzuweisungen und rein technische Aspekte wie Strategie und Rüstungsmaterial zu thematisieren, erzeugt eben mehr Anschaulichkeit als die Erörterung des komplexen Themas ›Frieden schaffen‹. Ja, in antiken, mittelalterlichen und neuzeitlichen Berichten über die Geschichte von Völkern und Staaten werden Friedenszeiten mit wenigen Worten abgetan, kriegerische Episoden hingegen breit ausgemalt. Auch und gerade in den modernen Medien wird über Friedensgeschichten weit weniger berichtet als über Kriegsgeschichten.

Mit Krieg kommt man in die Schlagzeilen, mit Frieden offenbar nicht. Ist es dieser Effekt, diese öffentliche Aufmerksamkeit, was viele Staatslenker seit jeher getrieben hat, Kriege zu führen – weil sie sich Ruhm versprachen, Denkmäler und Preislieder oder, heutzutage, hohe Einschaltquoten und viele Klicks? Allem Anschein nach hat die Menschheit nichts hinzugelernt. Entsetzliche Gräueltaten hat es – so schrieb die chilenische Dichterin Isabel Allende – »überall auf der Welt und zu allen Zeiten gegeben. Wir lernen nicht, begehen dieselben Sünden wieder und wieder bis ans Ende aller Zeiten.«[4]

Das »Vaterland«, so behauptet der Nationalismus, sei ein höherer Wert als das einzelne Menschenleben. Ja, »süß und ehrenhaft ist es, für das Vaterland zu sterben«, schrieb der römische Dichter Horaz.[5] Der katholische Theologe Thomas Söding indessen beklagte: Jeder Krieg »fordert Opfer, zuerst die schwächsten Glieder einer Gesellschaft: die Frauen und Kinder, die vertrieben, dann die Männer, die zu den Waffen gerufen werden«.[6] Nach christlicher Lehre sind Kriege nicht von Gott gewollt. Sie sind Menschenwerk und müssen und können mit menschlicher Kraft beendet werden.[7]

Heute aktueller denn je schrieb der Theologe und Psychotherapeut Eugen Drewermann in seinem tiefenpsychologischen Sachbuch ›Der Krieg und das Christentum‹ (1982):

Die lange Spur von Greuel und Grauen, die der Krieg in der Geschichte der Menschheit hinterlassen hat, ist so ungeheuerlich, die Not und das Elend, das er verursacht, so entsetzlich, seine Formen bis hin zu dem durchaus möglichen Ruin der Menschheit so zerstörerisch, die Energie, ihn zu führen, derart verschwenderisch, daß es nicht übertrieben scheint, im Krieg die Verkörperung des Bösen an sich zu erblicken. Was immer an Gemeinheit, Grausamkeit, Hinterlist, Lüge und Bosheit Menschen einander zufügen können, im Krieg wird es geplant, organisiert, perfektioniert, verherrlicht, ja belohnt. Alles, was in Friedenszeiten nur Abscheu und Ekel erregen könnte, muß monatelang trainiert werden, ehe Menschen als Soldaten zum Kriegseinsatz fähig werden. Das einfachste Prinzip aller Humanität, die Person eines Menschen stets als Zweck, niemals als Mittel zu betrachten, wird in der blutigen Mathematik des Krieges systematisch mit Füßen getreten. Nirgendwo wird der Mensch so sehr zum Material erniedrigt, in seinen menschlichen Gefühlen verletzt, in seiner Arbeitskraft ausgebeutet, in seiner Existenz geschädigt und in seiner Würde geschändet, wie im Krieg. Wenn es irgend etwas auf dieser Welt zu hassen und zu bekämpfen gibt, so ist es der Krieg.[8]

Eugen Drewermann ist aus der katholischen Kirche ausgetreten. Theologe und Seelenarzt aber ist er geblieben, seine christlichen Grundüberzeugungen hat er nie aufgegeben, sondern stets aufs Neue bekräftigt. Wie Drewermann und viele andere Theologen oder Philosophen unermüdlich unterstreichen, sind es vor allem Angst, Herrschsucht und Gier (haben wollen, was anderen gehört), die immer mehr perfektionierte Massenvernichtungswaffen erfinden. Als Freunde des Lebens und Botschafter/innen des Friedens sollten sich Christen also (wie auch Anhänger/innen anderer Religionen und alle Menschen guten Willens) der todbringenden Logik der Waffen, dem martialischen Heldenkult und dem Kriegsgeschrei entgegenstellen.

Heimliche oder offenkundige Kriegslust zeigt sich in vielerlei Gestalten, sehr oft auch in Denkmälern. Nach wie vor bestaunen wir, vielleicht naiv und ohne gleich Böses zu denken, die kriegerischen Monumente aus vergangenen Zeiten. Die Germania oberhalb von Rüdesheim am Rhein (aus dem Jahr 1883) zum Beispiel stemmt noch immer ihr Schwert auf den Boden und schwenkt, majestätisch und drohend, die Kaiserkrone in Richtung Frankreich.

Für allzu viele Politiker und Staatsmänner gilt unverändert die alte römische Maxime »Si vis pacem, para bellum« (»Wenn du den Frieden willst, bereite dich für den Krieg«). Der Sozialwissenschaftler und Friedensforscher Dieter Senghaas hingegen formulierte diesen Spruch radikal um: Si vis pacem, para pacem! Wenn du den Frieden willst, bereite dich für den Frieden![9]

Wie kann der politische Frieden, der Völkerfrieden, erreicht werden? Der schwedische Chemiker Alfred Nobel (1833–1896), Erfinder des Dynamits und Stifter des Friedens-Nobelpreises, glaubte an Abschreckung, an die Sicherung des Friedens durch militärische Stärke. Bis hin zur Gegenwart wird diese Doktrin von Militärs und ›Realpolitikern‹ weiter verfochten.

Jesus von Nazareth dachte anders, er drohte nicht mit Waffengewalt, er lehrte das Vertrauen auf einen Gott, der die Liebe ist. Doch die Predigt Jesu wird ja nur von wenigen ernst genommen, sie erreicht in ihrer Radikalität nur eine kleine Minderheit. Ja, man kann fragen: Sind Güte und Liebe nicht chancenlos gegen Gewalt und Zynismus? Gibt die Weltgeschichte nicht denen Recht, die Barmherzigkeit und Versöhnung als Märchen verunglimpfen?

Als Humanist und als Christ meine ich: Wir sollten uns an Ausnahmen, an vorbildhaften Idealisten orientieren, an mutigen Menschen wie beispielsweise dem griechischen Musiker Mikis Theodorakis (1925–2021), einem der berühmtesten Komponisten und Dirigenten des 20. Jahrhunderts. Theodorakis, der einstige Widerstandskämpfer gegen den Nationalsozialismus, war nicht nur Musiker, er war zugleich ein bedeutender Politiker und Schriftsteller. Für seine politischen Überzeugungen saß er jahrelang im Gefängnis und wurde von der griechischen Militärjunta gefoltert. Bis zuletzt wandte er sich gegen jede Form der Diktatur und setzte sich energisch für den Weltfrieden ein.[10]

Ein anderes Beispiel: Kurt Masur (1927–2015), der weltberühmte Leipziger Dirigent und Träger des Internationalen Preises des Westfälischen Friedens, zählte am 9. Oktober 1989, dem Tag der Leipziger Montagsdemonstrationen, zu den sechs prominenten Leipzigern, die den – über Lautsprecher verbreiteten – Aufruf ›Keine Gewalt!‹ verfassten. So trug er maßgeblich bei zum friedlichen Verlauf der Kundgebungen und zur friedlichen Revolution (1989/90) in ganz Ostdeutschland.

Menschen wie Mikis Theodorakis oder Kurt Masur sind gewiss, in jeder Hinsicht, seltene Ausnahmeerscheinungen. Aber sie sind nicht die einzigen Friedensstifter in unserer Welt, viele weitere Namen wären zu nennen – etwa Martin Luther King, Edith Stein, Aung San Suu Kyi oder Papst Franziskus.

Manchmal lernt die Menschheit ja doch noch hinzu. Der Umweltwissenschaftler und SPD-Politiker Ernst Ulrich von Weizsäcker (ein Sohn des Physikers und Philosophen Carl Friedrich von Weizsäcker und ein Neffe des früheren Bundespräsidenten Richard von Weizsäcker) erklärte im Frühsommer 2022 in einem Interview: »Bis ins 19. Jahrhundert war es völlig selbstverständlich, dass Außenpolitik hauptsächlich ein militärisches Kräftemessen war. Folge davon war etwa, dass Frankreich und Deutschland ständig im Krieg miteinander waren. Vollkommener Wahnsinn. Nach dem Zweiten Weltkrieg aber kamen die Europäer zusammen, (…) und es gibt echte Freundschaften zwischen Frankreich und Deutschland. Beiden tut gut, Teile ihrer Souveränitätsrechte abzugeben an eine höhere Instanz. Das sind Lerneffekte.«[11]

3 Apokalyptische Kunstwerke

Im Dienste des Friedens wirkten und wirken viele Politiker, herausragende Dichter und Denker, große Musiker, indirekt auch bildende Künstler wie der Maler Otto Dix (1891–1969). In der Kunstszene gehört er zu den Vertretern der Neuen Sachlichkeit. Er schaffte es, »sich die Grauen des Krieges in Bildern von der Seele zu malen, die an die Qualität seiner Vorkriegskunst heranreichen«.[12]

In der NS-Zeit galt Otto Dix – wie Max Beckmann, Lovis Corinth, Ernst Barlach, Paul Klee, Pablo Picasso und viele andere – als Repräsentant der »entarteten Kunst«. Eines der besten Werke von Otto Dix ist sein 1929 begonnenes und 1932 vollendetes Gemälde ›Der Krieg‹.[13] Es handelt sich um ein Triptychon mit Predella, das im Bildaufbau an den Isenheimer Altar von Matthias Grünewald erinnert. Dargestellt werden von Dix markante Szenen aus dem Ersten Weltkrieg. Die mittlere Tafel zeigt eine verwüstete Landschaft, über die Leichen und Leichenteile verstreut sind. Nur ein Soldat mit Gasmaske scheint noch am Leben zu sein. Die Gestaltung der Predella – die mehrere nebeneinander liegende Soldaten zeigt – orientiert sich an dem Ölgemälde ›Der Leichnam Christi im Grabe‹ (1521/22) von Hans Holbein dem Jüngeren.

In den 1930er Jahren warnten viele Künstler vor deutscher Großmannssucht und einem neuen Krieg. So schuf der Maler Max Beckmann in seinem Triptychon ›Abfahrt‹ (1932/35) eine frühe Vision über den heraufziehenden Nationalsozialismus.[14] Dem trügerischen Schein der faschistischen Gloriole erteilte er in diesem Werk – freilich nicht für jeden erkennbar – eine Abfuhr und ging gleichsam in die innere Emigration.

Eindeutig apokalyptische Motive enthält das kollagenartige, surrealistische Gemälde ›Guernica‹, eines der bekanntesten Bilder Pablo Picassos.[15] Es entstand 1937 als Reaktion auf die Zerstörung der spanischen Stadt Guernica durch deutsche und italienische Luftstreitkräfte, die während des Spanischen Bürgerkriegs auf Seiten des Generals Francisco Franco kämpften.

Seit 1900 stand Picasso in Verbindung mit antiklerikalen und anarchistischen Künstler- und Literatenkreisen. Als Anhänger der linksliberalen spanischen Volksfront pflegte er auch mit politisch engagierten Intellektuellen aus dem Pariser Surrealistenkreis enge Kontakte. Im teilweise surrealistischen Gemälde ›Guernica‹ übernahm Picasso aber auch zentrale Motive der christlichen Ikonographie.[16] Das Bild weist mehrere Anklänge an die Passion Jesu Christi auf. Die aufschreiende Mutter etwa mit dem toten Kind auf der linken Seite des Gemäldes lässt an das christliche Pietà-Motiv denken.

Kunstwerke wie ›Der Krieg‹ von Otto Dix oder ›Guernica‹ von Pablo Picasso lassen viele Interpretation zu, ganz sicher auch christliche und mystische Deutungen. Die in der mittelalterlichen Mystik, besonders bei Johannes vom Kreuz, geschilderte Erfahrung des Schweigens Gottes bringen Künstler wie Otto Dix und Pablo Picasso erschütternd zum Ausdruck.

Ja, seit jeher ist die Angst vor dem Krieg und, oftmals damit verwoben, die Angst vor der Gottesfinsternis ein Thema auch in der bildenden Kunst – nicht zuletzt im Werk des Renaissance-Malers Albrecht Dürer. In seinem, an einen kryptischen Text der neutestamentlichen Offenbarung (Offb 6,9-17) anknüpfenden, Holzschnitt ›Die vier apokalyptischen Reiter‹ (1498) hat Dürer ein erschreckendes, in der Kunstgeschichte vielfach rezipiertes Werk geschaffen.[17] Archetypisch personifizieren die Reiter den Krieg, die Schlächterei, die Hungersnot und das elende Sterben – den gefräßigen Tod, der niedergetrampelte Menschen mit einer Heugabel in den Abgrund schaufelt.

Aktuell ist dieses Bild allemal. Leicht könnte man auf die Idee kommen, die grimmigen Gesichter der apokalyptischen Reiter auf dem Gemälde – frei nach Dürer – mit den Gesichtern von heutigen Politikern und Kriegsherren zu vertauschen.

4 Der Krieg – von Gott nicht gewollt

»Homo homini lupus«, »Der Mensch ist dem Menschen ein Wolf«, dieses viel zitierte – von dem englischen Staatstheoretiker und Philosophen Thomas Hobbes aufgegriffene – Wort des römischen Komödiendichters Titus Maccius Plautus (254–184 v. Chr.)[18] scheint sich vor allem in Kriegszeiten in übelster Weise zu bewahrheiten. Den tiefsten Grund und die eigentliche Ursache für kriegerische Konflikte sieht der Psychologe und Theologe Eugen Drewermann in der Psyche des Menschen verankert:

> Der Krieg ist ein Problem, das nicht einer bestimmten Zeit, einem bestimmten Volk, einer bestimmten Kultur, einer bestimmten Gesellschafts- oder Wirtschaftsform angehört, er ist im wahrsten Sinne des Wortes ein menschheitliches Problem. *Der* Mensch ist kriegerisch; – *das* ist das Problem des Krieges und der menschlichen Geschichte. Wer den Krieg vermeiden will, (…) muß den Menschen studieren. (…) Um die menschliche Geschichte mit ihren Kriegen zu verstehen, muß man die psychischen Gründe verstehen, die den Menschen zum Krieg bestimmen. Dann erst läßt sich überlegen, ob und wie der Krieg vermeidbar ist.[19]

Ja, man muss versuchen, die psychischen Motive der Kriegstreiber zu verstehen. Doch Kriege sind in jedem Fall Menschenwerk und dürfen, bei allem Verständnis für die Beweggründe der Täter, nicht akzeptiert werden. Der aktuelle Anlass für mein Buch ›Make love not war!‹ ist der russische Angriffskrieg gegen die Ukraine. Dieser Krieg stellt grundsätzlich in Frage, was bisher zu meinen wichtigsten ethischen Prinzipien gehörte und weiterhin gehören wird: das Ideal der Gewaltlosigkeit. Stefan Langer, der Chefredakteur des Wochenjournals ›Christ in der Gegenwart‹, schrieb überrascht und irritiert: »Die in neuer Weise von geopolitischen Konflikten – von Krieg! – geprägte Weltlage verlange eine Neubewertung christlicher Friedensethik, meinen derzeit viele. In atemberaubender Geschwindigkeit ist ja die politische Mehrheitsmeinung umgeschwenkt: Jetzt kann es nicht schnell genug gehen mit der Lieferung schwerer Waffen an die Ukraine.«[20]

Auch ich war, und bin, erstaunt über diese plötzliche Wende. Kriege fordern Opfer, sie fordern Menschenleben. Zwar glaube ich als Christ an die Auferstehung der Toten und das ewige Leben in der Herrlichkeit Gottes. Insofern können mich Kriege und ihre Todesopfer – *im Letzten* – nicht aus der Bahn werfen. Doch sie erschüttern mich im Herzen, sie treiben mich um, sie bewegen mich, kognitiv und emotional, zum Widerspruch. Resignieren werde ich allerdings nicht, ich möchte tun, was ich kann. Im Hinblick auf das Leid, das durch Kriege verursacht wird, können wir – so der bayerische evangelische Landesbischof und ehemalige Theologieprofessor Heinrich Bedford-Strohm – »nur unsere Klage vor Gott bringen. Aber lähmen lassen müssen wir uns nicht: Wir können helfen.«[21]

Im vorliegenden Buch schaue ich zurück auf vergangene Zeiten – um daraus Schlüsse zu ziehen für die Gestaltung einer besseren Zukunft. Mein Rückblick auf die Geschichte ist nicht emotionslos, nicht immer »sine ira et studio« (Tacitus).[22] Zwar ist mir bekannt: Historiker beurteilen Ereignisse der Vergangenheit grundsätzlich nicht nach den eigenen Wertvorstellungen, sondern aus der jeweiligen Zeit heraus. Ich bin freilich kein unparteiischer Historiker, kein neutraler Berichterstatter, sondern ein Seelsorger, ein Theologe und, ich gestehe es, ein ›Moralist‹. Selbstverständlich nehme ich historische Daten objektiv zur Kenntnis, aber ich nehme mir zugleich das subjektive Recht, sie vom Kern der Verkündigung Jesu her – die meiner persönlichen Überzeugung entspricht – zu bewerten.

In der folgenden Darstellung erörtere ich zunächst, in Kapitel I, die biblischen Grundlagen einer Friedensethik. In einem dokumentierten Streifzug durch die europäische Kriegsgeschichte (Kapitel II) wird sich herausstellen, dass die Gesinnung Jesu in den christlichen Kirchen keineswegs immer zur Geltung kam. Nur allzu oft entgleiste die Welt- und die Christentumsgeschichte und führte zu einer unheiligen Allianz von Religion und Gewalt.

Im Anschluss an diese Geschichte der Kriege skizziere ich in Kapitel III die kirchliche Lehrentwicklung von der überlieferten

Doktrin des »gerechten Krieges« bis zu neuesten – katholischen und evangelischen – Erklärungen zu Krieg und Frieden. Ein weiterer Abschnitt, Kapitel IV, ist der internationalen Friedensbewegung gewidmet, insbesondere der christlich motivierten Ablehnung von Waffengewalt. Anhand von formal und inhaltlich ganz verschiedenartigen Texten werde ich in Kapitel V illustrieren: Das Entsetzen vor dem Krieg – oder die Lust an ihm – spiegelt sich in bekannten oder auch weniger bekannten Werken der Dichtkunst, von Dantes ›Divina Commedia‹ über Antikriegslieder der Neuzeit bis hin zu aufwühlenden Kriegsberichten in der Gegenwartsliteratur. Im abschließenden Kapitel VI kommentiere ich den Ukraine-Krieg mit dem Ergebnis: Dieser Krieg ist, wie alle Kriege, ein Verbrechen an der Menschlichkeit und darf nicht fortgesetzt werden.

Die Quintessenz meiner Darstellung ist das Jesuswort »Selig, die Frieden stiften« (Mt 5,9) – in Übereinstimmung auch mit der religiösen Botschaft des modernen Oratoriums ›The Peacemakers‹/›Die Friedensstifter‹ (2011) des walisischen Keyboarders und Komponisten Karl Jenkins. Diese Chorgesänge im klassisch geprägten Crossover-Stil basieren auf Texten aller Weltreligionen sowie großer Persönlichkeiten wie Franz von Assisi, Bahá'u'lláh (dem Begründer des Bahá'í-Glaubens), Anne Frank, Mahatma Gandhi, Martin Luther King, Mutter Teresa, Nelson Mandela oder dem Dalai Lama. Dem Geist, der Spiritualität solcher Peacemakers und Kämpfer/innen gegen die Unmenschlichkeit sind meine Ausführungen verpflichtet.

Selig, die keine Gewalt anwenden;
denn sie werden das Land erben.
Selig, die Frieden stiften;
denn sie werden Söhne Gottes genannt werden.
Matthäus 5,5.9

Kapitel I
Biblische Grundlagen

Für eine christliche Ethik ist selbstverständlich die Bibel, vorrangig das Neue Testament, die wichtigste Grundlage – auch im Blick auf Krieg und Frieden. Die biblischen Texte beinhalten allerdings völlig gegensätzliche Aussagen zur Ausübung von Gewalt. Im Alten Testament reicht die Bandbreite von der Kriegsverherrlichung im Namen Gottes bis hin zum Radikalpazifismus. An vielen Stellen des Alten Testaments wird die Anwendung von Gewalt – auch durch Gott und sein erwähltes Volk – einfach als Faktum registriert oder sogar ausdrücklich gutgeheißen und gefeiert. An anderen Stellen jedoch, besonders beim Propheten Deutero-Jesaia, wird der unbedingte Verzicht auf gewaltsames Handeln als erstrebenswertes Ideal dargestellt. Jedenfalls *kann* man solche Passagen in einem ›pazifistischen‹ Sinne interpretieren.

Besonders anstößig empfinden viele christliche Leser das Buch der Psalmen – wegen der häufigen Verwünschungen und mit Gewaltandrohung durchsetzten Verfluchungen der »Feinde«, der »Heiden«, der »Gottlosen«. Andererseits enthält aber gerade der Psalter mit seinen hundertfünfzig Gesängen wunderbare Gebetstexte, vor allem geeignet in existentiellen Situationen des Leidens und der tiefen Betrübnis. Grundsätzlich ist zu empfehlen: Die Psalmen sollten »in Empathie und Solidarität mit den Leidenden gelesen und gebetet« werden.[23]

Dem ambivalenten, ja kriegerischen Gott in zahlreichen alttestamentlichen Schriften steht der absolut *liebende* Gott in der Verkündigung Jesu von Nazareth gegenüber. In seiner ›Bergpredigt‹ fordert Jesus den völligen Verzicht auf den Hass und auf jede Art von Gewalt. Eine andere, eine gerechtere Welt schaffen kann zwar im Letzten nur Gott. Aber in der Nachfolge Jesu und im Geist Jesu Christi am allmählichen Entstehen besserer Lebensbedingungen *mitzuwirken*, ist – der Predigt Jesu gemäß – eine dem Menschen von Gott selbst gestellte Aufgabe. Nicht die Einbeziehung der irdischen Verhältnisse in den Herrschaftsbereich Gottes, wohl aber das entschiedene Nein zu jeder Form von Gewalt unterscheidet die jesuanische Botschaft vom Fanatismus der religiösen Eiferer, vom Klerikalismus der Hassprediger (etwa in Ländern wie dem Iran, Afghanistan oder auch Russland), von der gottlosen Anmaßung aller Zwangs-Beglücker in vielen Teilen der Welt.

1 Der kriegerische Gott des Alten Testaments

Die Bibel, das Alte wie das Neue Testament, stellt eine Beziehungsgeschichte Gottes mit den Menschen in vielfältigen Formen dar. Dabei geht es oft sehr menschlich zu, verständlicherweise. Denn in der Bibel ›spricht‹ ja nicht einfach Gott selbst, vielmehr bringen *Menschen* ihre, oft angstbesetzten, *Vorstellungen* von Gott zur Sprache. Das Alte Testament enthält zwar bedeutsame, theologisch hoch wichtige Passagen, die eine tiefe spirituelle Erfahrung des Menschen mit der geheimnisvollen, ja abgründigen Gottheit poetisch ins Bild bringen. Es enthält aber auch viele andere Partien, denen ein aus neutestamentlicher Sicht äußerst fragwürdiges Gottesbild zugrunde liegt – das geprägt ist von den politischen Ereignissen in der Lebenswelt der biblischen Autoren: in erster Linie dem Trauma der babylonischen Kriege und der Gefangenschaft des Volkes Israel im 6. Jahrhundert vor Christus.

Als Beleg für ein barmherziges, *friedliches*, lichtvolles Gottesbild innerhalb des Alten Testaments werden gerne Stellen aus den

Propheten Jesaia und Micha zitiert:»Dann schmieden sie Pflugscharen aus ihren Schwertern und Winzermesser aus ihren Lanzen. Man zieht nicht mehr das Schwert, Volk gegen Volk, und übt nicht mehr für den Krieg.« (Jes 2,4) Oder:»Das Volk, das im Dunkel lebt, sieht ein helles Licht; über denen, die im Land der Finsternis wohnen, strahlt ein Licht auf. (…) Jeder Stiefel, der dröhnend daherstampft, jeder Mantel, der mit Blut befleckt ist, wird verbrannt, wird ein Fraß des Feuers.« (Jes 9,1.4; vgl. Mi 4,3)

Dass Propheten, dass ›Gottesmänner‹ wie Jesaia nichts anderes als den Frieden predigten, kann man dennoch nicht sagen. Denn unmittelbar nach der verheißenen Beendigung des Krieges erklärt Jesaia, wie er sich den Frieden Gottes auf Erden vorstellt: als gewaltsamen Sieg des Gottes *Israels* über alle Heidengötzen und deren Anbeter in den nichtjüdischen Völkern (vgl. Jes 2,18-21).[24]

Der Gott der hebräischen Bibel ist weithin ein kriegerischer Gott. An vielen Stellen des Alten Testaments wird Gott Jahwe gelobt als einer, »der meine Hände den Kampf gelehrt hat, meine Finger den Krieg« (Ps 144,1). So berichtet das Erste Buch Samuel genüsslich über die militärischen Siege des Königs Saul und die kriegerischen Triumphe seines künftigen Nachfolgers, des Königs David. Dabei erhält David ganz klar den Vorzug gegenüber Saul. Denn: »Saul hat Tausende erschlagen. David aber Zehntausende.« (1 Sam 18,7)[25]

Im Hintergrund vieler alttestamentlicher Texte stehen dramatische Gewalterfahrungen. Dies geht so weit, dass im Namen Gottes selig gepriesen wird, wer die Kinder der feindlichen Babylonier »packt und sie am Felsen zerschmettert« (Ps 137,9). Ja, im Psalm 58 wünscht der Beter den gottlosen Feinden, sie möchten zerfließen wie der Schleim der Schnecke, damit der Gerechte sich seiner Rache erfreue und »seine Füße im Blut des Frevlers« baden könne (Ps 58,9.11)

Die Befreiung des Volkes Israel aus der ägyptischen Knechtschaft war, nach der Darstellung des biblischen Dichters, nur möglich durch das blutige Eingreifen Gottes: »Es war Mitternacht, als der Herr alle Erstgeborenen in Ägypten erschlug, vom Erstgeborenen des Pharao, der auf dem Thron saß, bis zum Erstgeborenen des Gefangenen im Kerker, und jede Erstgeburt beim Vieh.« (Ex 12,29)

Zu einer Geschichte purer Gewalt wurde dann auch die Landnahme in Kanaan durch das Volk Israel, die eigentlich ein glasklarer imperialistischer Eroberungskrieg war. Alle Völker, die den Israeliten feindlich im Wege standen, sollten auf Anweisung Jahwes ausgelöscht werden: »Aus den Städten dieser Völker jedoch, die der Herr, dein Gott, dir als Erbbesitz gibt, darfst du nichts, was Atem hat, am Leben lassen. Vielmehr sollst du die Hetiter und Amoriter, Kanaaniter und Perisiter, Hiwiter und Jebusiter der Vernichtung weihen, so wie es der Herr, dein Gott, dir zur Pflicht gemacht hat, damit sie euch nicht lehren, alle Gräuel nachzuahmen, die sie begingen, wenn sie ihren Göttern dienten, und ihr nicht gegen den Herrn, euren Gott, sündigt.« (Dt 20,16ff.)

Solche Bibelstellen (und es gibt ihrer noch sehr viele ähnliche) führen zu dem bekannten Vorwurf, das alttestamentliche Gottesbild strotze vor Gewalt und sei für Christen inakzeptabel. Tatsächlich ist dem Theologen und herausragenden Bibelkenner Eugen Drewermann nicht zu widersprechen: »Die Ausrottung oder Vertreibung ganzer Völker als die rechte Art des *Heiligen Krieges* zu verstehen, den der Stammesgott (…) gebietet, fällt dem Alten Testament selbst noch in der Zeit des deuteronomistischen Geschichtswerkes nicht schwer (…).«[26] Drewermann urteilt hart, aber wohl richtig: Auf *kriegerische* Weise »ist das Volk der Bibel unter der Führung seines Gottes jahrhundertelang groß geworden, und es scheint in historischer Sicht, als sei es weder dem Christentum noch dem Islam gelungen, dieses außerordentlich kämpferische Erbe des Alten Testamentes nebst der Enge seines nationalegoistischen Horizontes wirklich abzustreifen«.[27] Ja, ganz im Gegenteil: Alttestamentliche Bücher liefern eine praktische Argumentationskette, mit der in der Folge imperialistische Aggressionen generell gerechtfertigt wurden: »Gott *will* es.«[28]

2 Der leidende Gottesknecht

Blutige Gewaltanwendung und mörderische Kriege waren überall und zu allen Zeiten die Realität. Die Bibel spiegelt diese Wirklichkeit. Der katholische Bibelwissenschaftler Ludger Schwienhorst-Schönberger stellt nüchtern fest:»Das Unvorstellbare, das Menschen einander antun können, wird in der Bibel nicht verdrängt und abgespalten, sondern (…) ausgesprochen und angeschaut.«[29]

Allerdings sieht die hebräische Bibel das Volk Israel, dessen Perspektive sie wiedergibt, keineswegs durchgängig als schuldlos und ›heilig‹ an. Nicht nur der *Jubel* über den siegreichen Gott Israels, auch die *Klage* angesichts der Niederlagen Israels – und angesichts der Gewalttaten Jahwes – finden in der Bibel einen Platz.

Die fünf Klagelieder des Alten Testaments sind, so Ludger Schwienhorst-Schönberger,»ein erster und wegweisender Versuch, die Katastrophe des Zusammenbruchs der Tochter Zion (Klgl 2,13) zu verarbeiten«.[30] Gott wird in diesem Text unmittelbar angesprochen:»Herr, sieh doch und schau: Wem hast du solches angetan? (…) Am Boden liegen in den Gassen Kind und Greis. Meine Mädchen und jungen Männer fielen unter dem Schwert. Du hast sie erschlagen am Tag deines Zorns, schonungslos geschlachtet.« (Klgl 2,20f.)

Schwienhorst-Schönberger erläutert:»Einige Exegeten meinen, hier komme jene nationalreligiöse Partei zu Wort, die im Vertrauen auf Gott bis zum letzten Atemzug gegen die babylonische Invasion gekämpft habe und nun zutiefst von Gott enttäuscht sei und ihm den Vorwurf mache, er sei schuld am Untergang seines Volkes.« Schwienhorst-Schönberger schließt sich dieser Auffassung grundsätzlich an, ergänzt aber:»Bei allem Unverständnis über Gott und sein Handeln« komme in diesem Klagelied,»wenngleich auch nur sehr verhalten«, die eigene Schuld des Volkes Israel in den Blick. Denn die Tochter Zion hat auf die falschen Berater gehört.[31]

Es wäre nun freilich einseitig, in der alttestamentlichen Bibel *nur* die gewaltbesetzten Gottesbilder zu sehen. Bei Hosea 11,8f. zum Beispiel übt Gott selbst Gewaltverzicht »durch liebende Selbstbeherrschung«.[32] Und die vier prophetischen »Gottesknechtslieder«[33] deuten sogar die Vorstellung von einem absolut *gewaltfreien*, angesichts der menschlichen Bosheit *leidenden* Gott an.

Die »Gottesknecht«-Lieder finden sich bei Deutero-Jesaia, einem Propheten, der – weil sein Name nicht bekannt ist – als der »zweite Jesaia« bezeichnet wird. Im dritten Lied vom »Gottesknecht« (Jes 50,5-7) heißt es: »Ich wehrte mich nicht und wich nicht zurück. Ich hielt meinen Rücken denen hin, die mich schlugen, und denen, die mir den Bart ausrissen, meine Wangen. Mein Gesicht verbarg ich nicht vor Schmähungen und Speichel. Doch Gott, der Herr, wird mir helfen; darum werde ich nicht in Schande enden.«

Dieser »Gottesknecht« also, dieser ›Stellvertreter‹ des Herrn, wird in schlimmster Weise gedemütigt, erniedrigt und geschlagen. Rebellion und Gegenwehr wären sehr verständliche Reaktionen, aber der Gottesknecht verzichtet darauf. Er gehorcht einem göttlichen Willen, von dem er sich gehalten weiß und den er als – zunächst noch völlig unbegreifliche – *Liebe* bejaht.

Gott handelt durch seinen »Knecht«, durch seinen »Erwählten«, an dem er »Gefallen« findet (Jes 42,1). »Knecht Gottes« ist im Alten Testament ein besonderer Ehrentitel, Mose und David zum Beispiel trugen diesen Titel. Der Gottesknecht bei Deutero-Jesaia aber hat keinen Namen. Wer mit diesem »Erwählten« eigentlich gemeint ist, bleibt offen. Fest steht nur, dass er im Auftrag Gottes das »Heil« bringen, das heißt für neue, gerechtere Verhältnisse sorgen soll.

Eine erneuerte Ordnung und eine Besserung der Welt werden in der Bibel vom Beauftragten Gottes erwartet. Das Neue Testament und die christliche Auslegungstradition deuten die Gestalt des Gottesknechts von *Jesus* her – als Verheißung, die sich in der Passionsgeschichte und in der Auferstehung Jesu, des endgültigen Weltenretters, erfüllt: Der leidende Gottesknecht wird in Jesus zum »Lamm Gottes«, zum »Osterlamm«, das sich »schlachten« lässt und »die Sünde der Welt hinwegnimmt« (Joh 1,29).

3 Der Friedensfürst – er reitet auf einem Esel

Die alttestamentlichen Friedensvisionen gipfeln in der Gestalt des »Friedensfürsten« (Jes 9,5), der auf einem schlichten Esel reitet. Der »Esel« ist in der Bibel ein Bild der Erniedrigung, der äußersten Demut und des Sichfügens in Gottes Weisheit und Liebe. So heißt es beim Propheten Sacharja in dieser Esel-Symbolik: »Juble laut, Tochter Zion! Jauchze, Tochter Jerusalem! Siehe, dein König kommt zu dir. Er ist (…) demütig und reitet auf einem Esel (…). Ich vernichte die Streitwagen aus Efraim und die Rosse aus Jerusalem, vernichtet wird der Kriegsbogen. Er verkündet für die Völker den Frieden.« (Sach 9,9f.)

Ein brisanter Text! Es fällt auf, wie sehr das Reittier des Königs im Mittelpunkt steht. Dieser König ist ganz anders als die bisherigen Könige. Im krassen Unterschied zu den Herrschern seiner Zeit ist er friedlich und persönlich bescheiden. Die Könige dieser Welt kommen auf edlen Rossen daher und mit klirrenden Waffen. In der Prophetie des Alten Testaments nun ist der Esel ein Sinnbild des Friedens im Kontrast zum wiehernden Kriegspferd. Der König, den Sacharja sieht, kommt auf einem verachteten Grautier, dem Inbegriff der Sanftmut und Friedfertigkeit. Der Prophet bringt ins Bild, was sich viele Menschen seiner Zeit vom wahren König zuallererst erhofften: die Zerstörung des Kriegsgeräts und damit die Vernichtung des Krieges selbst.

Die vier Evangelien des Neuen Testaments sehen in Jesus von Nazareth diesen Friedensbringer. Wie der Gottesknecht bei Deuterojesaia verzichtet er auf jede Form der Gewalt. Er schlägt angesichts seiner Feinde nicht zurück, er leidet und nimmt das Unrecht der Gegner auf seine Schultern.

Der Esel, das Arbeits- und Lasttier in Palästina, gilt als besonders geduldig und sanft, auch als einfältig und dumm. Der Reiter, der Friedensfürst bei Sacharja, nennt sich arm und gering. Ebenso zeigt sich auch Jesus auf dem Kreuzweg: verachtet, arm und verlassen, geduldig unter seiner Last. Auch er wird, wie der Esel, verlacht und verhöhnt. Gerade so aber bezeugt Jesus: Gott bedient sich des Unscheinbaren, des in den Augen der Welt sogar Dummen. Vielleicht will der Kreuzträger uns damit Mut machen: Gott braucht gerade auch die Schwachen, die Kleinen, die Ohnmächtigen.

Auf einer Eselin reitet Jesus in die Hauptstadt Jerusalem (Mt 21,1-11). Bei den kirchlichen Palmprozessionen am Palmsonntag wird liturgisch an diesen festlichen, aber blutig am Holz des Kreuzes endenden Einzug erinnert. Nach christlicher Überzeugung freilich hat Gott in der Auferstehung Jesu vom Tode jenes endgültige *Heil* schon vorweggenommen, das er allen Menschen zugesagt hat.

Schon der Prophet Jesaia hat dieses Heil mit Bildern, mit Symbolen eines idyllischen Friedens poetisch ausgemalt:

> Dann wohnt der Wolf beim Lamm, der Panther liegt beim Böcklein. Kalb und Löwe weiden zusammen, ein kleiner Knabe kann sie hüten. Kuh und Bärin freunden sich an, ihre Jungen liegen beieinander. Der Löwe frisst Stroh wie das Rind. Der Säugling spielt vor dem Schlupfloch der Natter, das Kind streckt seine Hand in die Höhle der Schlange. Man tut nichts Böses mehr und begeht kein Verbrechen auf meinem ganzen heiligen Berg; denn das Land ist erfüllt von der Erkenntnis des Herrn, so wie das Meer mit Wasser gefüllt ist. (Jes 11,6-9)

Ein verwegenes Gegenbild zur irdischen Realität ist diese biblische Friedensvision. Bis zur Verwirklichung in einer weltweiten, durch eine internationale Autorität wirksam geschützten Friedensordnung ist der Weg aber noch weit.

4 Die Bergpredigt Jesu

Die zentrale Botschaft des Neuen Testaments ist die *Liebe*, die unbedingte Liebe zu Gott und den Menschen zugleich. Denn wer behauptet, Gott zu lieben, muss immer auch die Menschen lieben (vgl. Lk 10,27).

Gottes Liebe ist mächtig, und Gottes Macht ist die Liebe. Angesichts dieser neutestamentlichen Aussage müssen wir bedenken: Die

Evangelien sind unter dem unmittelbaren Eindruck des Jüdischen Krieges entstanden, einem Aufstand gegen die Römer, der blutig niedergeschlagen wurde und mit der Eroberung Jerusalems und der Zerstörung des Tempels im Jahre 70 n. Chr. endete. Vor diesem kriegerischen Hintergrund liegt es nahe, dass der Evangelist Lukas der Mutter Jesu, der Maria von Nazareth, im ›Magnificat‹ die Worte in den Mund legt:»Er [Gott] vollbringt mit seinem Arm machtvolle Taten: Er zerstreut, die im Herzen voll Hochmut sind; er stürzt die Mächtigen vom Thron und erhöht die Niedrigen. Die Hungernden beschenkt er mit seinen Gaben und lässt die Reichen leer ausgehen.« (Lk 1,51-53)

In der Verkündigung Jesu wird nun aber eindeutig klar gestellt: Gott liebt *alle* Menschen, auch die Satten und die Mächtigen. Doch Jesus *schützt* zugleich die Schwachen vor der Gewalt und der Willkür der Starken. Der Nazarener predigte allen Menschen das»Reich Gottes«, das er als unmittelbar»nahe« und als dringlichen Grund für eine radikale»Umkehr« der Menschen, vor allem der Mächtigen, verstand (Mk 1,15).

Zweifellos lehnte Jesus die Gewaltanwendung ab. Zu einem seiner Jünger, der sein Schwert gezogen und dem Knecht des Hohenpriesters ein Ohr abgehauen hatte, sagte er:»Steck dein Schwert in die Scheide; denn alle, die zum Schwert greifen, werden durch das Schwert umkommen.« (Mt 26,52) In eben dieser Gesinnung schrieb auch der Apostel Paulus im Brief an die Römer:»Vergeltet niemand Böses mit Bösem! Seid allen Menschen gegenüber auf Gutes bedacht! Soweit es euch möglich ist, haltet mit allen Menschen Frieden!« (Röm 12,17f.) Und im vermutlich von einem Paulus-Schüler verfassten Brief an die Epheser heißt es ganz umfassend: Christus»ist unser Friede. Er (…) riss durch sein Sterben die trennende Wand der Feindschaft nieder. (…) Er kam und verkündete den Frieden: euch, den Fernen, und uns, den Nahen.« (Eph 2,14-17)

Vor allem die berühmte ›Bergpredigt‹ (Mt 5–7) in ihrem Geist der Versöhnung und der Gewaltlosigkeit gilt als Inbegriff der Weisungen Jesu zu spezifisch christlichem Verhalten.[34] Sie beginnt mit den programmatischen *Seligpreisungen*, die den Armen, den Sanftmütigen, den Barmherzigen, den Trauernden, den Friedensstiftern, den unschuldig Verfolgten, ja überhaupt allen nach Frieden und Gerechtigkeit dürstenden Menschen gelten (Mt 5,1-12).

Inhaltlich entspricht die Bergpredigt der ›Feldrede‹ im Lukasevangelium (Lk 6,20-49). Die Berg- wie die Feldpredigt gipfeln in der Forderung, auch die »Feinde« zu lieben: »Euch, die ihr mir zuhört, sage ich: Liebt eure Feinde; tut denen Gutes, die euch hassen. Segnet die, die euch verfluchen; betet für die, die euch misshandeln. Dem, der dich auf die eine Wange schlägt, halt auch die andere hin; und dem, der dir den Mantel wegnimmt, lass auch das Hemd.« (Lk 6,27ff.)

Bei Matthäus steht, ebenso provozierend: »Ihr habt gehört, dass zu den Alten gesagt worden ist: Du sollst nicht töten; wer aber jemand tötet, soll dem Gericht verfallen sein. Ich aber sage euch: Jeder, der seinem Bruder auch nur zürnt, soll dem Gericht verfallen sein.« (Mt 5,21f.)

Nach der Auffassung der meisten Exegeten stammen diese Worte, wie auch die weiteren Antithesen der Bergpredigt (Mt 5,21-48), von Jesus selbst. Wie der katholische Neutestamentler Joachim Gnilka erläutert, muss Jesus zufolge das alttestamentliche Tötungsverbot »ausgeweitet werden zu einem brüderlichen Verhältnis der Menschen untereinander«.[35] Mit dem, bei Nichtbeachtung dieses Jesus-Gebots angedrohten, »Gericht« (Mt 5,22) ist nach Joachim Gnilka keine weltliche Instanz gemeint, sondern »das göttliche Endgericht« am Jüngsten Tag (vgl. Mt 25,31-46).

Die Bergpredigt endet mit der sogenannten ›Goldenen Regel‹: »Alles, was ihr von anderen erwartet, das tut auch ihnen! Darin besteht das Gesetz und die Propheten.« (Mt 7,12) Dieser Schlusssatz – »das ist das Gesetz und die Propheten« – findet sich auch am Ende des jesuanischen Doppelgebots der Gottes- und der Nächstenliebe. Jesu Bergpredigt hat somit eine kurze und definitive Zusammenfassung der gesamten biblischen Ethik zum Ziel.

Im kirchlichen Verständnis der Bergpredigt stellte sich freilich von Anfang an die Frage, ob ihre radikalen Forderungen ›erfüllbar‹ seien. Der katholische Dogmatiker Herbert Vorgrimler führt dazu aus:

Die Kirchenväter des Altertums bejahten diese Frage fast einstimmig. Im Mittelalter entstand die Unterscheidung der »evangelischen Räte«, das heißt der Bergpredigt, die *nur für den engeren Jüngerkreis* Geltung hätten, und den *für alle Christen* bestimmten »Geboten« (dem Dekalog). Martin Luther sah die Christen als gespalten an: ihnen als Glaubenden gälten die Forderungen der Bergpredigt, als Angehörige der Welt hätten sie sich nach öffentlichen Gesetzen zu richten (…), während in der neuesten Zeit bis zur Gegenwart sowohl die Radikalität der Entscheidung für das Reich Gottes als auch die radikale Verpflichtung zu einem in Kontrast zu den bestehenden Lebensverhältnissen befindlichen praktischen Verhalten (…) betont werden.[36]

Die Bergpredigt stellt in jedem Fall ein grundsätzliches, ein umfassendes Gegen-Programm zur irdischen Wirklichkeit dar. Ja, sie stellt die jetzigen Verhältnisse auf den Kopf.

Nach Eugen Drewermann »kann man sich fragen, ob nicht auf Erden sofort Friede herrschen würde, wenn man nur die Weisungen des Christentums mit den wunderbaren Worten Jesu aus Mt 5-7 ernsthaft befolgen würde«.[37] Allerdings sieht Drewermann die Bergpredigt Jesu keineswegs als etwas exklusiv Christliches an. Schon der Vergleich mit altchinesischen Weisheitslehren zeige auf, dass die Bergpredigt »Erfahrungen der Geborgenheit und einer daraus erwachsenden Friedfertigkeit beschreibt, die im Grunde *allgemein* menschlich sind und von den großen religiösen Gestalten der Menschheitsgeschichte immer wieder unabhängig voneinander entdeckt und beschrieben wurden. Die Größe der Bergpredigt liegt nicht darin, daß hier etwas in sich Einzigartiges und Unvergleichliches gelehrt würde; im Gegenteil, man muß bei einem Vergleich vor allem mit den Lehren der alten Inder und Chinesen zugeben, daß dort viel breiter und ausführlicher gerade diejenigen Gedanken entfaltet worden sind, die in der Bergpredigt wie geschliffene Perlen in einzelnen Rätselworten aufleuchten.«[38]

Doch die von Jesus (und anderen Predigern) geforderte Feindesliebe und der daraus resultierende Pazifismus waren stets dem politischen Vorwurf der Naivität, der Nichtrealisierbarkeit ausgesetzt. »Mit der Bergpredigt kann man keine Politik machen«, soll Reichskanzler Otto von Bismarck gesagt haben. Mit Sicherheit aber hat Bundeskanzler Helmut Schmidt dieses Diktum so formuliert.[39]

Tatsächlich hat der Apostel Paulus – heute sehr umstritten – die Anwendung von Gewalt auf Seiten der weltlichen ›Obrigkeit‹ gerechtfertigt (Röm 13,1-7).[40] Paulus übernimmt in diesem Briefpassus die herkömmliche Auffassung, wonach die staatliche Gewalt von Gott selbst eingesetzt und die gehorsame Unterordnung aller Staatsbürger folglich von Gott geboten sei. Als ganz selbstverständlich geht Paulus davon aus, dass das Handeln staatlicher Behörden stets und ausnahmslos mit dem Heilswillen und dem Liebesgebot Jesu im Einklang stünde. Dass diese Annahme – so der katholische Neutestamentler Heinrich Schlier – »weithin mit der Erfahrung nicht übereinstimmt, übergeht der Apostel, obwohl er sie vielfach selbst machen musste«.[41]

Die Frage, wann genau und gegen wen genau der Staat Gewalt anwenden darf, bleibt im Römerbrief offen. Fragen, die wir heute in Bezug auf den Staat haben, zum Beispiel Fragen nach seiner Regierungsform und seiner konkreten Rechtsprechung, werden von Paulus gar nicht gestellt. Gerade die entscheidende Frage, ob durch den Staat auch Böses geschehen und schlimmstes Unrecht befohlen werden kann, wird bei Paulus – so Heinrich Schlier – »nicht erörtert«.[42]

6 Die Opfer von Krieg und Gewalt

Auf keinen Fall kann man unter Berufung auf Paulus Angriffskriege begründen. Denn von Krieg und menschenfeindlicher, völkerrechtswidriger Gewaltanwendung ist in Röm 13,1-7 überhaupt nicht die Rede.

Von manchen christlichen Pazifismus-Kritikern wird – als sei es ein Widerspruch zur Bergpredigt Jesu – gelegentlich das schwierige Jesuswort ins Feld geführt:»Denkt nicht, ich sei gekommen, um Frieden auf die Erde zu bringen. Ich bin nicht gekommen, um Frieden zu bringen, sondern das Schwert.« (Mt 10,34) Doch Jesus will mit diesem Wort, gewiss nur voraussagen, was später, zur Zeit der ersten Christenverfolgungen, wirklich eingetreten ist: Christen wurden aufgrund ihres Glaubens gefoltert und umgebracht.

Das Jesuswort bedeutet also, im Blick auf die konkrete Situation der Adressatengemeinde des Evangelisten Matthäus, lediglich dies: Wer Jesus nachfolgt, dem droht das Schwert.»Jesus gibt seinen Jüngern«, so der Bibelwissenschaftler Joachim Gnilka,»nicht das Schwert in die Hand. Das Schwert tragen die anderen. Der Jünger muß damit rechnen, daß man es gegen ihn zückt. So fordert Jesus zunächst Leidensbereitschaft in seiner Nachfolge. In diesem Sinn ist es möglich, das Wort als eine Zusammenfassung seines Wirkens zu begreifen.«[43]

Es bleibt jedenfalls Fakt, was der Neutestamentler Thomas Söding so ausgedrückt hat: Jesus Christus,»der die religiöse Aufladung des Krieges radikal kritisiert, aber den Blick auf diejenigen richtet, die unter ihm zu leiden haben«, ist»voller Kritik, sowohl an den politischen Machthabern, die Unschuldige töten, als auch an den religiösen Führern, die keine Vorsorge treffen, dass die heiligen Stätten Vororte des Friedens sind.«[44]

Natürlich darf die Botschaft Jesu nicht reduziert werden auf das Nein zur Gewalt; sie hat auch andere, sozialpolitische, Aspekte: Jesus ist der Freund aller Menschen, auch und gerade der Ausgestoßenen, der sozial Heruntergesetzten, der Benachteiligten in der damaligen und in der heutigen Gesellschaft. Zu dieser allgemeinen Menschenfreundlichkeit und Barmherzigkeit Jesu gehört aber *auch* – und wesentlich – die entschiedene Gewaltlosigkeit des Gottessohns.

Über diese, politisch relevanten, Diesseitsaspekte hinaus besagt die *österliche* Botschaft Jesu Christi: Jenseits des Todes wartet ein neues, unvergängliches Leben auf uns. Gerade die alt- und neutestamentlichen Apokalypsen zeigen, dass es – so Thomas Söding – »ein Ende des Leidens, der Kriege, der Katastrophen gibt. Gott macht ihnen ein Ende. Sein Reich ist nicht die unendliche Verlängerung dessen, was ist, sondern die Verwandlung des Todes ins Leben.«[45]

Allen Menschen, auch den Opfern von Krieg und Gewalt, ist von Gott eine heilende Zukunft, ein volles Leben, eine sprühende Lebendigkeit über den Tod hinaus, verheißen. Diese biblische Hoffnung macht, wie der Exeget Thomas Söding schreibt, den Schmerz der Opfer »nicht geringer, aber sie öffnet die Augen dafür, dass das Unrecht nicht triumphieren wird. Die Opfer werden nicht auf alle Zeit und Ewigkeit Opfer bleiben. Die Seligpreisungen machen klar, dass Gott ihnen Recht verschafft.«[46]

Das Recht des Stärkeren
ist das stärkste Unrecht.
Marie von Ebner-Eschenbach

Kapitel II
Religion und Gewalt

Jesus verkündete das Reich Gottes, ein Reich des endgültigen Heils, des eschatologischen Friedens. Was auf Erden dann kam, war die Kirche – eine römische Staatskirche, die sich mit den Unheilsmächten der Welt verbündete.

Die Menschheitsgeschichte kann als Kulturgeschichte der Liebe betrachtet werden,[47] aber leider auch als schuldbeladene Kriegs- und Leidensgeschichte voller Blut und Tränen. Um nicht bei Kain und Abel anfangen zu müssen, beginne ich meinen Parforceritt durch die Geschichte, durchaus willkürlich, mit Alexander dem Großen und schließe sie mit einem Ausblick auf den Ukraine-Krieg im Jahre 2022.

Der Fokus meiner Darstellung liegt auf der Verbindung von Religion und kriegerischer Gewalt. Juden wie auch Christen und Muslime waren – und sind es zum Teil noch heute – in skrupellose Eroberungskriege verstrickt. Nicht nur Religionskriege im engeren Sinn (also Streitigkeiten über theologische Differenzen) wurden geführt. Erschreckend oft diente die Religion lediglich als Vorwand zur Legitimierung von imperialistischen Kriegen. Der Name Gottes wurde und wird missbraucht zur Rechtfertigung von Machtpolitik und erbarmungsloser Gewalt.

Eine entscheidende Voraussetzung für Frieden und Verzicht auf Gewalt ist die Einhaltung der Menschenrechte. Die im 18. Jahrhundert philosophisch reflektierten und im Zuge der Französischen Revolution und vor allem des amerikanischen Unabhängigkeitskrieges (1775–1783) ausgerufenen Menschenrechte (human rights) stehen mit dem

Evangelium Jesu zwar völlig im Einklang, entsprachen jedoch kaum der kirchlichen Tradition. Menschen- und Bürgerrechte als Bestandteil von Verfassungen sind außerhalb der Kirchen entstanden und mussten zunächst gegen den Widerstand der katholischen Kirche erstritten werden.[48]

Der Humanismus der ›Aufklärung‹ und die sozialen Programme der Neuzeit hatten freilich zumeist nicht Gott, sondern den Menschen im Blick – oft verknüpft mit einer Ablehnung der Religion oder einem Desinteresse an religiösen Themen. Dabei wurde allerdings übersehen, dass die Verkündigung Jesu mit ihrem Interesse an Gott auch dem *Menschen* seine wahre Menschlichkeit gibt. Dabei ist der Botschaft Jesu jede *gewaltsame* Weltverbesserung fremd. Hoffnung für die Welt ist, nach Jesus, auf Geduld und universale Liebe gegründet.

Die Unterscheidung von externen, von Staaten untereinander geführten Kriegen und internen Bürgerkriegen (wo Gruppen innerhalb eines Staates gegeneinander kämpfen) spielt in meinen Ausführungen nur eine untergeordnete Rolle. Denn eine christliche Friedensethik schließt es in jedem Fall aus, im Namen Gottes Blut zu vergießen. Dass dieser Grundsatz im Bereich der christlichen Kirchen nicht schon immer gegolten hat, liegt an der Tatsache, dass die irdische Kirche – wie es der Jesuitentheologe Karl Rahner (1904–1984) formulierte – keine »heilige«, sondern eine in ihren äußeren Strukturen und bis hinein in ihr Lehrgebäude und ihr innerstes Wesen »sündige Kirche« ist.[49]

1 Kriegsführung in der Antike

In den Jahren 334 bis 324 vor Christus schlug Alexander der Große, der junge König von Makedonien, mit vergleichsweise wenigen Kriegern die riesigen Heere der Perser vernichtend. Nebenher metzelten die Sieger außer den Persern auch Tausende von Unbeteiligten ab, zum Beispiel die Einwohner von Tyros und Milet. Außer dem persischen Großreich hat Alexander auch Mesopotamien (den Nordteil des heutigen Irak), Babylonien (den Südteil des Irak) und Ägypten unterworfen. Die historischen Berichte reden nur von den militärischen Erfolgen, vom Leid der Opfer ist kaum die Rede. Immerhin ist überliefert: Auf Befehl Alexanders des Großen oder seiner Unterführer wurden in Tyros zweitausend Männer gekreuzigt, Zehntausende Frauen und Kinder in die Sklaverei verkauft.[50]

Religiöse Gründe oder Vorwände für seine Eroberungszüge gab Alexander allerdings nicht einmal ansatzweise an. Leider ist nicht bekannt, ob der Feldherr während seines zehnjährigen Raubzugs irgendetwas Konstruktives für die unterworfenen Gebiete veranlasst hat, etwa soziale Reformen oder landwirtschaftliche Neuerungen.[51] Dass er sich (abgesehen von der Gründung zahlreicher Städte namens ›Alexandria‹) kulturell um die Menschheit verdient gemacht hätte, kann man wohl nicht behaupten.[52] Freilich hatte er für solche Dinge auch gar keine Zeit; er starb ja schon mit etwa 32 Jahren.

Dem britischen Althistoriker Robin Lane Fox zufolge strebte Alexander das Ziel an, eine Koexistenz oder sogar eine Eintracht zwischen Makedonen und Persern zu schaffen.[53] Die berühmte von Alexander veranstaltete Massenhochzeit in Susa mag dafür ein Beleg sein: Er selbst und achtzig seiner Gefolgsleute heirateten vornehme Perserinnen.[54] Ob das dem Frieden diente? Jedenfalls ist zu konstatieren: Bis zu seinem Tod blieb Alexander ein rücksichtsloser Kriegsmann.

König Alexander der Große war einer der brutalsten Schlächter der Weltgeschichte. Zum Kulturschöpfer konnte er sich nicht entfalten. Den Römern indessen kann man eine kulturelle Bereicherung der von ihnen besetzten und ihrem Imperium einverleibten Regionen nicht absprechen. Ein Rechenschaftsbericht des Kaisers Augustus (das ›Monumentum Ancyranum‹) zählt friedliche Maßnahmen auf wie die Errichtung von Gebäuden, Verteilung von Getreide an das Volk und gesetzgeberische Maßnahmen. Gleichwohl darf nicht übersehen werden: Die machtbesessenen römischen Regierungen vergossen – ermöglicht und begünstigt durch autoritäre Herrschaftsstrukturen – das

Blut ihrer Opfer in Strömen. Innerhalb von gut zwei Jahrhunderten eroberten sie fast sämtliche Gebiete rund um das Mittelmeer. Nennenswerter Widerstand kam lediglich von den Germanen, so dass auf die Eroberung des rechtsrheinischen Germanengebiets verzichtet wurde. Ansonsten wurde Widerstand nicht geduldet. Das Leben der Kriegsgegner wurde, sofern sie nicht in der Schlacht zu Tode kamen, nur deshalb geschont, weil das römische Imperium Heerscharen von Kriegsgefangenen als Sklaven benötigte, die teils zur Arbeit in Landwirtschaft, Bergbau und Industrie verkauft, teils als Staatssklaven gehalten wurden.

Strategisch genial – und wie Alexander der Große noch ohne religiösen Hintergrund – befehligte der große Staatsmann und Feldherr Gaius Julius Caesar (100–44 v. Chr.) seine Legionen. Im berühmten, auch literarisch bedeutenden Kriegsbericht ›De Bello Gallico‹ berichtete Caesar über seine Erfolge. Dabei ging es unter Caesar grundsätzlich nicht anders zu als bei sonstigen Kriegen in der Antike. Ein Menschenleben zählte nur insofern, als Sklaven sehr wichtige ökonomische Werte waren. Feldherren und sogar einzelne Soldaten erhielten ›Boni‹ in Gestalt von Sklaven.

Mit den schön klingenden Worten, mit den propagandistischen Floskeln ›Pax Romana‹ und ›Pax Augusta‹, war natürlich kein umfassender – von universaler Liebe und allgemeiner Solidarität getragener – Friede im Sinne Jesu oder des alttestamentlichen Propheten Jesaia, sondern hauptsächlich das Fehlen von Bürgerkriegen (in der Epoche von 27 v. Chr. bis 235 n. Chr.) gemeint. Von Kaiser Augustus, der weder Jude noch Christ war, konnte man eine politische Ausrichtung an biblisch-visionären Idealen auch gar nicht erwarten.

Grundsätzlich kann man das Denken und Handeln antiker Politiker vor der Einführung des Christentums nicht an dessen späteren Maximen messen. Immerhin: In der ›Pax Augusta‹-Zeit führten die verschiedenen Völker in den römischen Provinzen keine Kriege mehr. Doch der römische Imperialismus mit seinem hemmungslosen Machtstreben, seiner Ausbeutung der Menschen durch gierige Statthalter, seiner Herrschaft über andere Völker blieb ungebrochen.[55]

2 Die ›Konstantinische Wende‹ und ihre Folgen

Zu den traurigsten und unrühmlichsten Kapiteln der römischen Geschichte zählen die bestialischen Christenverfolgungen, besonders unter dem römischen Kaiser Nero im Jahre 64 oder 65 n. Chr. und, wohl schlimmer noch, während der Regierungszeit des Kaisers Domitian (81–96 n. Chr.).[56] Zwar regierten auch tolerante römische Kaiser wie Antoninus Pius oder Marc Aurel, aber erst zu Beginn des vierten Jahrhunderts durften die Christen eine überraschende Blütezeit begrüßen. Denn vor seinem Sieg über den ›Gegenkaiser‹ Maxentius im Jahre 312 an der Milvischen Brücke, unmittelbar vor Rom, soll Kaiser Konstantin der Große, »Sohn der Heiligen Helena«, über der Sonne ein leuchtendes Kreuz mit den Worten »In hoc signo vinces« (»In diesem Zeichen wirst du siegen«) gesehen haben. Diese Lichterscheinung verstand Konstantin, der Legende nach,[57] als göttliches Zeichen für die Wahrheit des christlichen Glaubens.

Das Christentum, ursprünglich eine kleine unterdrückte Sekte, wurde in der Folge – nach einer Übergangszeit der wohlwollenden Duldung durch die römischen Herrscher – zur Staatsreligion erhoben. Es entwickelten sich im Westen des ehemaligen ›Imperium Romanum‹ kirchliche Machtstrukturen, die sich am römischen Kaisertum orientierten. Das Missverhältnis zwischen genuin jesuanischer Friedenstheologie und römischem Herrschafts- und Kriegsverständnis nahm zunehmend groteske Ausmaße an. Die Päpste des Mittelalters verstanden sich viel eher – auf Augenhöhe mit den weltlichen Herrschern oder noch darüber – als Politiker und Kriegsherren denn als Seelsorger im Geist Jesu Christi. Im Investiturstreit des 13. Jahrhunderts suchten die, bisher mit dem weltlichen Kaisertum eng verbündeten, Päpste die ultimative Auseinandersetzung mit dem Kaisertum um die politische Führerschaft. Aber friedlicher und menschenfreundlicher wurde die christliche Welt in der Folge nicht. Dass Jesus eine solche – politische, herrschsüchtige, kriegerische – ›Weltkirche‹ gewollt hat, kann ich mir partout nicht vorstellen.

Etwas humanere Verhältnisse herrschten in der Ostkirche. Nach dem Tod des römischen Kaisers Theodosius I. im Jahre 395 wurde das Imperium in eine West- und eine Osthälfte geteilt, woraus sich eine West- und eine Ostkirche entwickelten. Die führenden Vertreter der Ostkirche, die Patriarchen, verhielten sich weitaus friedlicher und christlicher als die römischen Päpste des Mittelalters.

Ursprünglich war die christliche Welt in fünf gleichrangige Regionen eingeteilt, mit jeweils einem Patriarchen an der Spitze: im Osten und Süden Konstantinopel, Alexandrien, Antiochien und Jerusalem, im Westen Rom – wobei der römische Patriarch »primus inter pares« war. Erst nach dem ›Großen Schisma‹ von 1054, der Kirchenspaltung zwischen der katholischen Kirche im Westen und der orthodoxen Kirche im Osten, wollten die östlichen Patriarchen den Primat des römischen Papstes nicht mehr anerkennen.

Ab dem 11. Jahrhundert bemühten sich die Päpste, ihren Primatsanspruch gegenüber dem Kaiser, aber auch gegenüber den ostkirchlichen Patriarchaten durchzusetzen – letzteres ohne jeden Erfolg. Die östlichen, »orthodoxen«, Kirchen behielten auf Dauer ihre Eigenständigkeit. Und das byzantinische Kaiserreich als Nachfolger des Imperium Romanum existierte ununterbrochen bis 1453, dem Fall Konstantinopels.

Die oströmischen Kaiser, die in Byzanz (Konstantinopel) residierten, herrschten über den östlichen und südlichen Mittelmeerraum. Über beinahe tausend Jahre unterhielten sie ein stehendes Heer zur Abwehr externer Aggressoren. Gelegentlich eroberten sie verlorene Gebiete zurück, nach und nach jedoch ging der größte Teil des Reichsgebiets verloren, somit auch die Oberhoheit über die kirchlichen Patriarchate bis auf Byzanz.[58]

Die oströmischen Kaiser verstanden sich von Anfang an als die eigentlich legitimen römischen Kaiser, zuständig für Außen- und Militärpolitik. Den obersten Klerus, die Patriarchen von Jerusalem, Alexandria, Damaskus und Byzanz, betrachteten sie als rein innerkirchliche Regionalführer. Die Patriarchen ihrerseits – ausgenommen der Papst in Rom – sahen dies wohl genauso. Auch die ostkirchlichen Patriarchen hatten zwar, nicht anders als die römischen Päpste, ihre eigenen Machtansprüche. Nur hatten sie, anders als die Päpste, weder die Möglichkeit noch den Willen, ihre Interessen mit kriegerischen Mitteln zu erstreiten. Gegenüber den oströmischen Kaisern hatten sie nicht annähernd die Macht wie die Päpste gegenüber den abendländischen Kaisern. Denn die Kaiserkrönung in Byzanz (ab dem 7. Jahrhundert meist in der Hagia Sophia, der Kathedrale) war nicht vom Wohlwollen des Patriarchen abhängig.

Der renommierte Byzantinist Hans-Georg Beck belegte die »relative Seltenheit« einer »offiziellen Betrauung von Klerikern mit hohen Staatsämtern« in Byzanz.[59] Zusammenfassend kann man wohl sagen: Der höhere Klerus, die Patriarchen und Bischöfe des Ostens hatten zwar durchaus innenpolitischen Einfluss, sie mischten kräftig mit, ziemlich eng verflochten mit dem Kaisertum in Byzanz. Aber sie stachelten nicht zu Kriegen oder Kreuzzügen auf. Sie waren keine Engel und keine Heiligen – aber doch weniger ›weltlich‹ gesinnt als die westlichen Kirchenführer. Ihre Hauptaufgabe sahen sie, wie es sich für Geistliche geziemt, im theologischen, seelsorglichen und karitativen Bereich.

3 Die Allianz von Thron und Altar

Was die Papstkirche des Mittelalters betrifft, bleibt jedoch eine unselige, mit dem Wesen des Christentums nicht zu vereinbarende Allianz von geistlicher und politischer Gewalt zu betrauern. Schon bei den Lehrentscheidungen der frühen Bischofsversammlungen (beginnend mit dem 325 von Kaiser Konstantin einberufenem Konzil von Nizäa) ging es nicht nur um diffizile theologische und christologische Fragen, sondern mindestens ebenso heftig um kirchenpolitische Machtkämpfe: etwa im vierten Jahrhundert zwischen den Fraktionen der Arianer und der Athanasianer. Dabei kam es – entgegen den klaren Weisungen Jesu – immer wieder zu gewaltsamen Streitereien mit Mord und Totschlag.[60] Wir dürfen nicht übersehen und nicht unterschlagen: Im Bild des Friedensfürsten Jesus, der auf einer Eselin reitet,[61] ist auch den Christen ein neuer Weg vorgezeichnet: Sie sollen Frieden und Versöhnung stiften, indem sie den Todeskreis der Gewalt durchbrechen und sich mit denen verbünden, die Gewaltverzicht fordern und die Vernichtung (oder zumindest die erhebliche Reduzierung) der Kriegswerkzeuge verlangen.

Die Geschichte des Christentums und der ›Heidenmission‹ aber ist zu einem großen Teil eine Geschichte der Gewalt, die religiös legitimiert wurde. Der friesische Missionar Bonifatius (673–754) christianisierte die Germanen symbolisch mit der Axt, indem er eigenhändig die Donar-Eiche bei Geismar fällte.[62] Doch bald schon wurde aus der Symbolik brachiale Gewalt. Spätestens seit 800, mit der Kaiserkrönung Karls des Großen durch Papst Leo III. in Rom, schloss die christliche Kirche einen sehr unchristlichen Pakt mit den Herrschern dieser Welt. Sie ›verweltlichte‹ sich, indem sie nach Macht und Reichtum gierte, kriegerische Auseinandersetzungen nicht nur nicht scheute, sondern sie religiös rechtfertigte als ›gottgewollt‹. Aus den einstmals Gejagten wurden die Jäger, aus den Verfolgten des Urchristentums die Verfolger der Nichtchristen.

Carolus Magnus, der Kaiser des Fränkischen Reiches, war zweifellos einer der größten und gewalttätigsten Imperialisten des Mittelalters. Wie die meisten Herrscherfiguren dieser Welt war auch Karl der Große, der sein König- und Kaisertum auf den Willen Gottes zurückführte, ein Gewaltmensch. Zu den vielen von Karl geführten Angriffskriegen gehören die barbarischen Sachsenkriege von 772 bis 804, die die Zwangschristianisierung des sächsischen Volkes nach sich zogen.[63] Da die widerspenstigen Sachsen »mit religiösen Argumenten nicht zu überzeugen waren, setzte Karl seinen Willen ›mit eiserner Zunge‹ durch, wie ein mittelalterlicher Chronist es nannte. Karls Argument war das Schwert, und damit war er erfolgreich. Trauriger Höhepunkt dieses Krieges gegen die Sachsen war das berühmt gewordene ›Blut-bad von Verden‹, bei dem im Jahr 782 an nur einem Tag 4500 Sachsen enthauptet worden sein sollen.«[64]

Das gesamte Mittelalter wurde für die christliche Kirche des westlichen Mittelmeerraums eine Zeit der gewaltsamen Auseinandersetzung mit den ›Irrgläubigen‹ und den Nichtchristen. So vernichtete Kaiser Otto der Große im Jahr 955 auf dem Lechfeld im Namen des Herrn – militärisch unterstützt durch den später heilig gesprochenen Bischof und Reichsfürsten Ulrich von Augsburg – das Heer der heidnischen Ungarn.[65] Dieser Sieg wird von Katholiken, besonders in der Diözese Augsburg, noch heute als »Zeitenwende« gefeiert, als von Gott bewirkter Stopp des Vormarsches der »Barbaren« aus dem Osten.

4 Die Kreuzzüge

Vom Osten her bedrohten im Zuge der Völkerwanderung »wilde Horden«[66] über Jahrhunderte hinweg die Heiligen Stätten der Christen im Morgenland. Nach der Jahrtausendwende eroberten muslimische Krieger (Sarazenen, Araber, Tartaren oder Türken) das ›Heilige Land‹. Dies konnte aus der Sicht der Christenheit nicht geduldet werden. Also riefen die Päpste zu ›Kreuzzügen‹ auf. Diese Unternehmungen, die als bewaffnete Pilgerfahrten begannen, bekamen schon bald den Nimbus ›Heiliger Kriege‹. Die vermeintlich heroischen, zum Teil von primitiven Plündererhorden begleiteten, Glaubenskriege wurden glorifiziert als edles, christliches Rittertum. Die Rituale der Kreuzzugsgelübde, Ablässe und Sündenvergebung sanktionierten kirchlicherseits die weltlichen Kriegshandlungen.

Der Historiker Ludwig Schmugge (geb. 1939) schreibt:»Nicht nur die Eroberung des Heiligen Landes, sondern jeder Krieg gegen ›Heiden‹ und später vor allem die Bekämpfung von Ketzern wurde durch Ablässe und Heilszusagen attraktiv gemacht.«[67] Zweifellos sind die Kreuzzüge – neben den Hexenverbrennungen und den unvorstellbar grausamen Ketzerverfolgungen – ein Schandfleck der Kirchengeschichte. Der österreichische Kulturhistoriker, Schriftsteller und kirchlich aktive Katholik Friedrich Heer (1916–1983) kritisierte scharf: »Die Kreuzzüge, mit denen das christliche Abendland zwischen 1096 und 1270 das ›Heilige Land‹ zu erobern und den Vorderen Orient zu missionieren suchte, rechtfertigten sich religiös mit dem Hinweis auf die allein seligmachende Wahrheit des Christentums. (…) Diese von den Päpsten propagierten und protegierten Kreuzzüge haben unendliches Unheil gestiftet.«[68]

Schon im Verlauf des ›Volkskreuzzuges‹ (April bis Oktober 1096), eines spontanen Vorläufers des Ersten Kreuzzuges, fanden im Kampfeseifer erstmals Pogrome gegen friedliche jüdische Mitbürger statt – obwohl diese unter dem Schutz wichtiger Bischöfe standen, denen sie horrende Schutzgelder zahlten. Der ›Volkskreuzzug‹ wälzte sich am Rhein entlang nach Süden in Richtung Jerusalem, und ›nebenbei‹ wurden in Mainz, Worms und Speyer jüdische Ghettos vernichtet und ihre Bewohner ermordet.

Als Papst Urban II. im Jahre 1095 auf der Synode von Clermont zum Ersten Kreuzzug aufrief, brüllten die französischen Ritter voller Begeisterung ›Deus lo vult‹. Zu den eifrigsten Kreuzzugspredigern zählte später der Mystiker, Zisterzienserabt und Kirchenlehrer Bernhard von Clairvaux (1090–1153). Noch heute erinnert – allerdings unblutig und gewaltfrei – der von Papst Pius IX. im Jahre 1868 konstituierte Laienorden der ›Ritter vom Heiligen Grab zu Jerusalem‹ an die Kreuzzüge des Mittelalters. Das Motto des Ordens lautet noch immer ›Deus lo vult‹. Heute freilich zu Recht. Denn dieser spirituelle Orden sieht seine Aufgabe im Gebet, in Werken der christlichen Nächstenliebe, nicht zuletzt auch im Schutz ethnischer Minderheiten.

Gerechtigkeitshalber muss erwähnt werden: Harsche Kritik an den Kreuzzügen auf christlicher Basis gab es schon im Mittelalter. So bestritt etwa – kurz nach der Eroberung Jerusalems 1187 durch Sultan Saladin – der englische Jurist, Theologe und Historiker Radulfus Niger die theologische Berechtigung nicht nur des Kreuzzugsablasses, sondern der Kreuzzüge überhaupt: in seinem Traktat ›Über das Kriegswesen und den dreifachen Pilgerweg‹.[69] Äußerst kritisch zu den diversen päpstlichen Kreuzzugsplänen des 12. Jahrhunderts äußerte sich vor allem der Zisterzienserabt Joachim von Fiore (ca. 1130–1202).

Am Kreuzzug gegen die ägyptische Stadt Damiette (1217–1221) nahm zeitweilig auch Franz von Assisi teil, freilich nicht als Soldat, sondern als Prediger der göttlichen Liebe. »In klarer Ablehnung aller Politik einer Zwangsbekehrung und der Mission mit dem Schwert vertraute der Gründer des Minoritenordens auf das Wort des Evangeliums.«[70] Doch immer aufs Neue wurden von päpstlicher Seite Pläne zur militärischen Rückeroberung des ›Heiligen Landes‹ geschmiedet. Das gewaltsame Vorgehen gegen die ›Ketzer‹, gegen die ›Irrlehren‹ der Katharer, war die ebenso logische wie traurige Konsequenz der Kreuzzugsidee.

Der von Papst Innozenz III. initiierte Albigenserkrieg (1208–1229) in Südfrankreich, also inmitten eines christlichen Landes, geriet zu einem schrecklichen Blutbad. Im Jahre 1209 nahmen katholische Kreuzfahrer Béziers, eine Hochburg der Albigenser, ein und töteten an die siebentausend in die Magdalenenkirche geflüchtete Frauen, Kinder und Greise. Anschließend plünderten und verbrannten sie die Stadt. Insgesamt sollen zwanzigtausend Menschen umgebracht worden sein.

Im Jahre 1252 führte Papst Innozenz IV. in der Bulle ›Ad extirpanda‹ die Folter gegen die Ketzer ein. Der Philosoph, Mystiker und franziskanische Theologe Raimundus Lullus (1232–1316) indessen setzte, im Geiste seines Ordensgründers, auf die Karte des vernünftigen Dialogs mit Andersdenkenden. Er plädierte für die friedliche Mission auch in muslimischen Ländern. 1295 überreichte er Papst Bonifaz VIII. ein Memorandum, wie man dem Islam die christliche Botschaft gewaltfrei und *argumentativ* vermitteln könne. Sein Leitgedanke, noch im hohen Alter, war die Bekehrung Nordafrikas durch gut ausgebildete, arabisch sprechende Missionare. Doch seit Bonifaz IX. (1389–1404) wurden militärische Kreuzzugsaufrufe wieder zur päpstlichen Routine.

Die Hoffnung der Westeuropäer, Konstantinopel und Jerusalem zurückgewinnen zu können, erwies sich aber als Illusion. Schauplatz der Kreuzzüge war in den folgenden Jahrhunderten nicht mehr der Vordere Orient, sondern Europa.[71] Die christlichen Staaten Europas sahen sich bedroht durch die muslimischen Türken. Im Jahre 1529, am Höhepunkt der Türkenkriege, stand unter dem Kommando von Sultan Suleiman I. ein osmanisches Heer vor Wien. Unterstützt durch Truppen des ›Heiligen Römischen Reiches deutscher Nation‹ konnten sich die christlichen Verteidiger behaupten – bis 1683 erneut ein Türkenheer vor Wien stand.

Im Mittelalter entstand der Mythos vom ›christlichen Abendland‹, das vor den ›Ungläubigen‹ geschützt werden müsse. In diesem Zusammenhang ist anzufügen: Besonders merkwürdig – und im Grunde gotteslästerlich – sind die von diversen Päpsten verliehenen Titel für europäische Monarchen: ›Allerchristlichste Majestät‹ durfte sich seit dem 15. Jahrhundert der französische König nennen, ›Katholische Majestät‹ etwa zeitgleich der spanische König (weil er die Mauren und die Juden aus Spanien vertrieb und die Inquisition einführte).

›Glaubenskriege‹ galten auch in der Neuzeit für viele Christen als Ehrenpflicht. Freilich gab es auch zu Beginn der Neuzeit bedeutende christliche Autoren, die die kriegerische Gewalt konsequent ablehnten. In erster Linie ist der niederländische Gelehrte, Priester und Humanist Erasmus von Rotterdam zu nennen, der in seiner theologischen Antikriegsschrift ›Klage des Friedens‹ (1517) ein Nein zur Gewalt verlangte. Erasmus forderte die größtmögliche Anstrengung weltlicher Herrscher, gewalttätige Konflikte zu vermeiden. Eher sollten die Mächtigen auf ihr Vermögen, auf Land und Macht verzichten, als einen Krieg anzuzetteln. »Vom größten Teil des Volkes wird der Krieg verflucht, man betet um Frieden. Einige wenige nur, deren gottloses Glück vom allgemeinen Unglück abhängt, wünschen den Krieg.« Nur der sei ein wahrer Herrscher, schrieb Erasmus, der von einer gewaltsamen Durchsetzung seiner Ansprüche absehe.[72]

Einen Anlass zu theologischen Kontroversen innerhalb des Christentums boten die Bauernkriege in den Jahren 1524/25. Es handelte sich um verschiedene parallele Aufstände von Bauern, Städtern und Bergleuten, die sich teils aus religiösen, teils aus ökonomischen Gründen erhoben. In diesem Falle also ging es nicht um einen territorialen Eroberungskrieg, sondern um die Niederschlagung sozialer, quasi revolutionärer Aufstände. Der Reformator Martin Luther vertrat die Auffassung, dass Kriege zur Abwehr eines akuten Angriffs auf die staatliche Obrigkeit legitim seien. In seiner Kampfschrift ›Wider die räuberischen und mörderischen Rotten der Bauern‹ (1525) ermutigte Luther alle Fürsten zu äußerster Gewaltanwendung gegen die aufständischen Bauern.

In seiner denkwürdigen Predigt ›Ob Kriegsleute in seligem Stande sein können‹ (1526) schrieb Martin Luther:

Wenn ich das Amt ansehe, das Krieg führt, wie es die Bösen bestraft, die, die Unrecht haben, tötet und solchen Jammer ausrichtet, da scheint es ein durchaus unchristliches Werk zu sein und in jeder Hinsicht gegen die christliche Liebe. Sehe ich aber darauf, wie es die Gerechten beschützt, Frau und Kind, Haus und Hof, Gut, Ehre und Frieden damit erhält und bewahrt, so ergibt es sich, wie wichtig und göttlich das Werk ist.[73]

Aus heutiger Perspektive – und schon aus der Sicht des Erasmus von Rotterdam – ging Luther mit seiner Aufforderung zur rohen Gewalt entschieden zu weit. Gleichwohl sprach er in seinen Bauernkriegs-Predigten einen Konflikt an, der für Christen bis zum heutigen Tag aktuell bleibt: Ist Gewalt in *jedem* Fall ein Verstoß gegen Jesu Friedensgebot? Oder kann es außerordentliche Situationen geben, die die Anwendung von Gewalt rechtfertigen?

6 Die Conquista

Aus christlich-ethischer Sicht eindeutig unrechtmäßig und verbrecherisch war die Eroberung Nord-, Mittel- und Südamerikas durch
die europäischen Kolonialmächte. Die politische Verantwortung für
die Conquista, die gewaltsame, mit einem Völkermord einhergehende
Eroberung und Missionierung der Ureinwohner Lateinamerikas im
16. Jahrhundert, lagen bei dem habsburgischen Monarchen Karl V.
(1500–1558), von Gottes Gnaden Römischer Kaiser und König von
Spanien, und bei Dom Manuel I. (1469–1521), dem katholischen
König von Portugal.

Vor allem Karl V. verstand sich als Beschützer des christlichen
Abendlandes und Verteidiger der römisch-katholischen Kirche.
Zur Regierungsweise dieses Herrschers bemerkte die chilenische
Schriftstellerin Isabel Allende in einem historischen Roman: »Unser
Monarch, Karl V., hatte in seinen königlichen Erlassen verfügt, dass die
Eingeborenen mit Respekt behandelt und durch Güte und gute Taten
bekehrt und aus der Barbarei geführt werden sollten, aber die Wirk-
lichkeit sah anders aus. Der König, der nie einen Fuß in die Neue Welt
gesetzt hatte, diktierte seine gerechten Gesetze in den dunklen Sälen
uralter Paläste, die Tausende Meilen entfernt waren von den Völkern,
über die er zu herrschen wünschte, und vergaß dabei die beständige
Habgier des Menschen.«[74]

Die Conquista-Kriege der Spanier hatten, wie schon die mittelalterlichen Kreuzzüge, das eigentliche Ziel, ein koloniales Imperium auf-
zubauen. In den eroberten Gebieten wurden zuerst das Kreuz und die
Fahnen Spaniens oder Portugals aufgepflanzt. Falls ein Priester dabei
war, las er die heilige Messe; gleich anschließend errichtete man den
Galgen, rodete die Wälder und erhängte die heidnischen Indios, die
sich zur Wehr setzten und nicht bekehrt werden wollten.

»Wir haben Gott auf unserer Seite, und außerdem Pulver und Stahl«,
sagten die stolzen Eroberer.[75] Zum Ruhme Gottes und der spanischen
Krone wurden die ›Wilden‹ hingeschlachtet und ihre riesigen Schätze

an Gold und Silber geraubt. Ja, im Namen des allerchristlichsten Gottes und des Apostels Jakobus und der heiligen Jungfrau Maria wurden widerspenstigen Indios die Arme oder die Füße abgehackt und die Nasen abgeschnitten. Mit vielen den Indios gestohlenen Tonnen Edelmetall konnte Karl V. seine Armada und sein gewaltiges Heer finanzieren und – auch mittels geschickter Heiratspolitik – den größten Teil Europas erobern.

Die Eroberung Amerikas galt weithin als Christenpflicht. Denn die Segnungen des Christentums und der Zivilisation sollten den ›Wilden‹ nicht vorenthalten werden. In Wirklichkeit freilich dachten die Conquistadoren primär an das ruhmreiche Abenteuer und an den materiellen Gewinn. Der spanische Conquistador Francisco Pizarro (1476–1541) eroberte zusammen mit seinen drei Halbbrüdern und seinem Mitstreiter Diego de Almagro das Reich der Inka in Peru.[76] Und der Conquistador Hernán Cortés (1485–1547) unterwarf im Namen des spanischen Königs – mit Hilfe indianischer Verbündeter – von 1521 bis 1530 das gesamte Aztekenreich in Mexiko. Als Entdecker Brasiliens gilt der portugiesische Seefahrer Pedro Álvares Cabral. Auch die Portugiesen versklavten die Indios als Zwangsarbeiter und beuteten das reiche Land, ebenso wie ihre afrikanischen Kolonien Angola und Mosambik, schamlos aus.

Die katholische Kirche gab zur Eroberung Lateinamerikas ihren Segen. Im Vertrag von Tordesillas (1494) wurde die ›Neue Welt‹ unter der Ägide des Renaissance-Papstes Alexander VI. zwischen Spanien und Portugal aufgeteilt.[77]

Was die sehr fragwürdigen, oft mit Zwang verbundenen Methoden der Missionierung der Ureinwohner betrifft, darf allerdings nicht verschwiegen werden: Der spanische Dominikaner Bartolomé de las Casas (1484–1566), einer der ersten Missionare in der Neuen Welt, setzte sich energisch für die Rechte der unterdrückten Indios ein. Als Bischof von Chiapas, einer südmexikanischen Stadt (heute ein Bundesstaat), unterstützte er aber eine fatale Maßnahme der Spanier: Afrikanische Eingeborene sollten zur Zwangsarbeit als Sklaven nach Südamerika deportiert werden, um die Indios zu entlasten. Später jedoch hat sich las Casas vom transatlantischen Sklavenhandel distanziert und ihn verurteilt.

7 Der Dreißigjährige Krieg

Katholische und protestantische Gläubige standen einander, was das laute Ja zu grausamen Kriegen betrifft, in nichts nach. Christen unterschiedlicher Glaubensrichtungen bekämpften sich auch gegenseitig mit allen Mitteln.[78] Als makabres Beispiel für diesen Abgrund in der Christentumsgeschichte können die Hugenottenkriege (eine Serie von acht Bürgerkriegen in Frankreich in den Jahren 1562 bis 1598) gelten. Eine verhängnisvolle, unselige Mischung von politischem Machtkampf und Religionskrieg stellten diese Massaker dar. Der katholische Adel in Frankreich kämpfte erbittert um seine Privilegien. Das Kriegsziel der Adelspartei war es, die protestantischen Hugenotten von staatlichen und kirchlichen Pfründen auszuschließen und gleichzeitig das französische Königtum zu kontrollieren.[79]

Aus Machtgier und Rachsucht wurden auf beiden Seiten Blutbäder angerichtet. Historisch belegt ist unter anderem: In Nîmes wurden im Jahre 1567 an die hundert katholische Mönche und Kleriker von protestantischen Aufrührern zu Tode gequält. Und in der ›Bartholomäusnacht‹ am 23./24. August 1572 kam es in Paris zu einem noch viel größeren Massaker an den französischen Protestanten, genauer den Calvinisten, die als Hugenotten bezeichnet wurden. Tausende Protestanten wurden in Paris und in fast allen Teilen Frankreichs planmäßig und zeitgleich erschlagen.

Ähnlich wie die Hugenottenkriege war auch der Dreißigjährige Krieg (1618–1648) in Deutschland sowohl konfessionell wie auch politisch motiviert. Im Hintergrund stand der Konflikt um die Vorherrschaft im ›Heiligen Römischen Reich‹ und in Europa.[80] Dieser ›maximale‹ Glaubens- und Machtkampf zwischen katholischen und protestantischen Reichsteilen auf deutschem Boden endete mit der kompletten Zerstückelung des Deutschen Reiches, nachdem sich von Beginn an diverse externe Militärmächte (wie Schweden, Dänemark, Frankreich, England, Spanien, Österreich) teils mit Geld, teils mit Truppen eifrig engagiert hatten.[81]

Millionen Menschen verloren ihr Leben und ihr Eigentum in Feuer und Asche. Nahezu sämtliche deutsche Städte sind während dieses Mammutkrieges mehrfach zerstört worden. Unsägliche Grausamkeiten waren an der Tagesordnung. Eine von Söldnern des schwedischen Heeres, wie auch anderer Truppen, häufig angewandte Foltermethode war der – von Hans Jakob von Grimmelshausen in seinem Schelmenroman ›Simplicius Simplicissimus‹ (1668) detailliert beschriebene – ›Schwedentrunk‹: Man goss den Kriegsgefangenen über einen Trichter oder Eimer mit Urin und Kot vermischtes Schmutzwasser direkt in den Mund. Die Jauche löste Erstickungsängste aus und verätzte die Speiseröhre des Opfers.

Nach dem in Münster und Osnabrück geschlossenen ›Westfälischen Frieden‹ (1648) war die deutsche Bevölkerung um ein Drittel reduziert. Ungezählte historische und belletristische Werke thematisieren den Dreißigjährigen Krieg. Der Schriftsteller Ralf Rothmann zum Beispiel lässt einen fiktiven Chronisten über die Schrecken dieses Krieges berichten:

> Mehr noch als Hunger, Seuchen und Angst vor den Barbaren, weiß Gott welcher Fahne, zehrten fürderhin Trauer und Schwarzgalle die Menschen auf, der Blick in den Himmel ohne Trost. (…) Ob Kaiserliche, Schwedische, Dänen – man eilte den Berittenen nach, lud ihnen die Musketen und schrie: Herr, schieß mir einen! Und mir schieß zwei! Sodann fledderte man ihre Opfer, die noch zuckten mit dem Blei im Leibe, auf dass man einen Zins davon erhielt: Gürtel, Schuhe, schimmlig Brot. (…) Nackt und zerschlagen blieben wir zurück (…) und fortgetragen wurde mit allem die Hoffnung, dass der Mensch dem Menschen nicht nur Bestie wäre, dass er ihm auch Trost sein könnte.[82]

8 Imperialistische Feldzüge

Das Kriegführen, das offiziell erlaubte und angeordnete Töten und Verstümmeln des Gegners, die befohlene Massenvergewaltigung von Frauen als Mittel zur Demoralisierung des Feindes, all diese Kriegsgräuel prägen die unendliche Trauergeschichte der Menschheit in allen Teilen der Welt. Ja, das Freund-Feind-Denken und die zerstörerische Gewalt scheinen in der Menschheits-DNA zu stecken.

In Ost- und Mitteleuropa drohte über Jahrhunderte hinweg die ›Türkengefahr‹, die in weiten Landstrichen zu Elend und Verwüstung führte. Die europäisch-christliche Angst vor dem Expandieren des Osmanischen Reiches als aggressive islamische Macht beherrschte noch das ausgehende 17. und das beginnende 18. Jahrhundert. Zwar leitete der Sieg österreichischer, polnischer und bayerischer Truppen über die Türken, 1683 vor Wien, die Befreiung Ungarns von der osmanischen Herrschaft ein. Doch die Türkenkriege wollten noch immer kein Ende nehmen. Die militärische Wende brachte Prinz Eugen von Savoyen (1663–1736), einer der größten Feldherren des Habsburgerreiches. Zum Mythos geworden als »Prinz Eugen der edle Ritter«, wurde der gläubige Katholik 1697 zum Oberbefehlshaber in den Türkenkriegen ernannt. Nach dem Sieg gegen die Osmanen im Jahre 1718 sicherte Prinz Eugen die österreichische Vorherrschaft in Südosteuropa.[83]

Die bittere Kehrseite des Sieges war, wie bei allen Kriegen, das Leid der Zivilbevölkerung wie auch der kämpfenden Truppen. Oftmals gaben die Soldaten, auf beiden Seiten, kein Pardon.

Und auch weiterhin war die unheilige Allianz von Thron und Altar zu beklagen – beispielsweise die sakral garnierte Kaiserkrönung des Kriegsverbrechers Napoleon I., der in Frankreich nach wie vor den Heldenstatus besitzt. Wie ein Tsunami brauste dieser mörderische Kriegsherr mit seinen (zum Großteil in den eroberten, vor allem den deutschen Gebieten, zwangsrekrutierten) Soldaten über West-, Süd- und Mitteleuropa hinweg. Mit Ausnahme Großbritanniens unterwarf er jedes Land – durchaus im Einvernehmen mit der katholischen Kirche.

Auf einem 1807 vom Pariser Hofmaler Jacques-Louis David geschaffenen Bild von Napoleons Kaiserkrönung befinden sich Papst Pius VII. und eine Reihe wichtiger Kleriker als Dekoration an der Seite, während Napoleon seiner Gemahlin Josephine die Krone aufsetzt – nachdem er sich zuvor selbst gekrönt hatte.[84] Vielleicht war der Papst nicht sehr glücklich bei diesem Zeremoniell. Aber er machte mit, weil ihm der Kaiser die Rückübereignung von kirchenstaatlichen Territorien zugesagt hatte.

Gewiss, man muss einräumen, dass Napoleon in den eroberten Gebieten ein modernes Rechtssystem (den Code Napoleon) etablierte und Reformen einführte, die die vorherigen absolutistischen Herrscher versäumt hatten. Dies ändert aber nichts daran: Napoleon war für den Tod vieler Tausender Soldaten und Zivilisten verantwortlich. Allein die Schlacht bei Waterloo (1815) endete mit mehr als 53000 Toten und noch mehr Verletzten.

Napoleon war ein rücksichtsloser Feldherr. Seine Kriege waren ausschließlich imperialistisch motiviert. Anders als der spanische Kaiser Karl V. hatte er keinen humanistisch-missionarischen Weltbeglückungsdrang. Vielmehr wollte er eine neue politische Ordnung in Europa schaffen, unter französischer Herrschaft.

Die vielen Kriege, die im Europa des 19. Jahrhunderts geführt wurden, können hier nicht im Einzelnen aufgezählt werden. Alle diese Konflikte hatten zum Ziel, ›Territorien abzustecken‹, ›Einflusssphären zu definieren‹, ›Machtbereiche zu begrenzen‹. Die Regierungen der beteiligten Länder waren durchweg der Meinung, man müsse sich aus der ›Konkursmasse‹ der im Niedergang befindlichen Großmächte (Österreich-Ungarn, das Türkenreich, das zaristische Russland) ›bedienen‹ oder wenigstens verhindern, dass sich die anderen ›bedienten‹. Ständig ging es um das Austarieren eines fragilen ›Gleichgewichts‹, um wechselnde Allianzen und Interessen. Militärische ›Lösungen‹ waren dabei das bevorzugte politische Mittel. Allerdings spielte die scheinheilige Allianz ›Thron und Altar‹ jetzt keine wichtige Rolle mehr. Kriege wurden kaum mehr im Namen Gottes geführt. Ganz ungeniert und ohne besonderen kirchlichen Segen vertrat man imperialistische und ökonomische Interessen. Der europäische Kolonialismus feierte seine schlimmsten Triumphe. Spanien, Portugal, Großbritannien, Frankreich, Niederlande, Belgien, später auch Deutschland eigneten sich, bedenkenlos und menschenverachtend, fremde Territorien an. Ganz Afrika und die meisten Länder Asiens wurden kolonialisiert. Wehrlose Eingeborene wurden versklavt oder ermordet. Um nur wenige herausragende Beispiele zu nennen: Nicht zuletzt der Völkermord an den Herero und Nama durch deutsche Truppen in den Jahren 1904 bis 1908 in Deutsch-Südwestafrika, dem heutigen Namibia, schreit zum Himmel.[85] Und das Wüten des belgischen Königs Leopold II. und seiner Soldateska in den Jahren 1888 bis 1908 in Belgisch-Kongo spottet erst recht jeder Beschreibung. In einem fast schon vergessenen Menschheitsverbrechen wurde das Land systematisch ausgeplündert. Bis zu zehn Millionen Kongolesen fanden den Tod, das war etwa die Hälfte der damaligen Bevölkerung.[86]

9 Der Erste Weltkrieg

Eine *religiöse* Rechtfertigung des Krieges durch europäische Herrscher schien nach dem Ende der Türkenkriege obsolet geworden zu sein. Es ging, wie schon gesagt, unverblümt und ohne Weihrauch nur noch um reine Machtpolitik. Dies änderte sich in manchen Reden des deutschen Kaisers Wilhelm II. In seiner berüchtigten ›Hunnenrede‹ am 27. Juli 1900 in Bremerhaven schwadronierte er: »Kommt ihr vor den Feind, so wird er geschlagen, Pardon wird nicht gegeben; Gefangene nicht gemacht. (…) Wie vor tausend Jahren die Hunnen unter ihrem König Etzel sich einen Namen gemacht, (…) so möge der Name Deutschland in China in einer solchen Weise bekannt werden, dass niemals wieder ein Chinese es wagt, etwa einen Deutschen auch nur scheel anzusehen

(…). Gebt, wo es auch sei, Beweise Eures Mutes, und der Segen Gottes wird sich an eure Fahnen heften und es Euch geben, dass das Christentum in jenem Lande seinen Einzug finde.«[87]

Vor dem Hintergrund des ›Boxeraufstands‹ in China (1900) hielt Wilhelm II. diese Rede. Die Völker Europas wurden durch den deutschen Kaiser fromm ermahnt, ihre »heiligsten Güter« zu wahren. Die Chinesen wurden als gottlose ›Heiden‹, als Freiwild für die deutschen Kanonen und die christliche Hybris betrachtet: »Lasset sie die Rücken beugen / Und auch ehrfurchtsvoll bezeugen Achtung unserm Christengott. / (…) Auf darum zu frischen Thaten! / Drauf auf diese Asiaten! Zeiget, was der Deutsche kann.«[88]

So zu lesen in einem zeitgenössischen Gedicht. Der Hass, die nackte Gewalt, die Melodie der Bestie bestimmten den Ton, und nicht wenige Literaten stimmten mit ein. Johannes Trojan (1837–1915) zum Beispiel ließ seinen ›Füselier Schulze‹ den kaiserlichen Befehl – »Pardon wird nicht gegeben« – in folgender Weise vollstrecken:

> Fünfe links und fünfe rechts
> zerrt er an den Zöpfen
> in der Hitze des Gefechts,
> um sie dann zu köpfen.
> Oder sollt geneigt er sein,
> mal Pardon zu geben?
> Er Pardon? Fällt ihm nicht ein!
> Allen geht' s ans Leben.[89]

Dieses Säbelgerassel, dieser Militarismus herrschte im Vorfeld des Ersten Weltkrieges (1914–1918). Genau dieser teuflische Ungeist war – freilich ohne Zusammenhang mit den Unruhen in China – bezeichnend für die allgemeine Kriegsbegeisterung beim Ausbruch des Weltkrieges. Äußerer Anlass des bewaffneten Konflikts, der zur Katastrophe, zum Weltenbrand, zur Hölle auf Erden in gigantischen Ausmaßen, eskalierte, war ein Attentat am 28. Juni 1914 in Sarajewo: die Ermordung des österreichischen Thronfolgers Erzherzog Franz

Ferdinand und seiner Gemahlin Sophie durch ein Mitglied einer serbisch-nationalistischen Bewegung. Daraufhin erklärte Österreich-Ungarn Serbien den Krieg. Insgesamt vierzig Staaten nahmen an diesem Gemetzel teil. Alle waren untereinander durch Beistands- oder Nichtangriffspakte in Allianzen und Gegenkoalitionen verflochten. Es war ein Domino-Effekt: Wenn eines der Länder aus der Reihe tanzte, würden alle anderen stürzen. Die wichtigsten Kriegsbeteiligten waren somit das Deutsche Reich, Österreich-Ungarn, das Osmanische Reich und Bulgarien auf der einen Seite, Frankreich, Großbritannien, Russland, Serbien, Rumänien, Belgien, Italien, die USA und Japan auf der anderen Seite.

Infolge technischer ›Fortschritte‹ kostete der Erste Weltkrieg mehr als neun Millionen Soldaten das Leben; insgesamt starben 17 Millionen Menschen an den Kriegsfolgen. Erstmalig wurden Massenvernichtungswaffen wie Giftgas eingesetzt. Ungezählte Menschen wurden schwer verletzt, vergiftet, verstümmelt. Eine nie dagewesene Dimension, auch an zivilen Opfern.[90]

10 Der Zweite Weltkrieg

Prominente Vertreter der katholischen Kirche haben im 20. Jahrhundert zur Gewaltfrage immer wieder Stellung bezogen, zum Beispiel während der Bürgerkriege in Spanien und Mexiko sowie durch ihr Verhalten gegenüber dem Sowjetregime, dem italienischen Faschismus, dem deutschen Nationalsozialismus und lateinamerikanischen Militärdiktaturen. Aber nicht in allen Fällen war eine klare Ablehnung des Angriffskrieges durch die Kirche zu erkennen.

Im Verlauf des Spanischen Bürgerkriegs (1936–1939) übte die deutsche Luftwaffe die großflächige Bombardierung, die sie später in Polen durchführte. Derartige Flächenbombardements kamen im Ersten Weltkrieg noch nicht vor. So wurde der deutsche Luftangriff auf die baskische Stadt Gernika zum strategischen Wendepunkt und

Paradigmenwechsel in der kriegerischen Terrorisierung der Zivilbevölkerung. Unverzeihlicherweise standen die spanischen Bischöfe eindeutig auf der Seite des faschistischen, autoritären Franco-Regimes – während der Vatikan unter Pius XI., wie das zugängliche Archiv-Material zeigt, partiell wohl auf Distanz zum Generalissimus Franco (1892–1975) ging.[91] Der Grund für die bischöfliche, zeitweise auch päpstliche, Unterstützung der Franco-Diktatur und die Ablehnung des antifaschistischen Widerstands war sicher der Antikommunismus, der die katholische Kirche mit Francisco Franco verband. Überdies gab Franco der Kirche die vielen Privilegien zurück, die sie in der republikanischen Zeit vor Franco verloren hatte.

Die fatale Mischung von Faschismus und Klerikalismus in der Franco-Epoche muss als weiterer Beleg für die Legitimation physischer Gewalt durch die Kirche betrachtet werden.[92] Die Professorin für außereuropäische Geschichte Silke Hensel und der katholische Kirchenhistoriker Hubert Wolf brachten 2013 einen Sammelband heraus, der sich kritisch mit der Rolle der katholischen Kirche und ihrer Einstellung zu Gewalt in Europa und Lateinamerika im 20. Jahrhundert befasst.[93] Renommierte Historiker und Theologen erläutern in diesem gewichtigen und umfangreichen Werk mit Hilfe der neu zugänglichen Quellen, wie sich unterschiedliche Gruppen innerhalb der katholischen Kirche zur staatlichen Gewaltausübung und gegenüber gewalttätigen Akteuren verhielten und wie sie Gewalt legitimierten oder, umgekehrt, als himmelschreiendes Unrecht verurteilten.

Der Erste Weltkrieg hatte mit einer Niederlage des Deutschen Kaiserreichs und seiner Verbündeten geendet. Über zwanzig Jahre brauchte Deutschland, um sich der nächsten militärischen Auseinandersetzung gewachsen zu fühlen. Im September 1939 entfesselte Hitler-Deutschland den Zweiten Weltkrieg, der bis 1945 dauerte. Dessen Dimension sprengte jegliche Vorstellungskraft. Massenmorde und bestialische Kriegsverbrechen wurden verübt. Ein totaler Vernichtungs- und Eroberungswille, gepaart mit Größenwahn und ultimativer Skrupellosigkeit, stürzte Millionen ins Verderben. Ja, weltweit kostete dieser Krieg mehr als 70 Millionen Menschen das Leben.

In seiner Berliner Sportpalastrede am 18. Februar 1943 hatte Hitlers Propagandaminister Goebbels das deutsche Volk rhetorisch befragt: »Wollt ihr den totalen Krieg?« Die Antwort war ein frenetisches Zustimmungsgebrüll der aufgehetzten Massen. Was der »totale Krieg« der deutschen Zivilbevölkerung dann einbrachte, waren – unter anderem – die nahezu vollständige Zerstörung vieler Städte (Hamburg, Leipzig, Frankfurt a. M., Braunschweig, Nürnberg, Magdeburg, Dresden, Mainz, Würzburg u.a.) auf Befehl des britischen Bombergenerals Arthur Harris. Hunderttausende verbrannten bei lebendigem Leib oder verloren ihr gesamtes Hab und Gut.

Auch Atombomben wurden entwickelt und Anfang August 1945, also kurz nach dem Kriegsende in Europa,[94] auf Anordnung des US-amerikanischen Präsidenten Harry S. Truman auf Hiroshima und Nagasaki abgeworfen. Etwa 150000 Menschen starben sofort, ebenso viele wurden schwer verletzt, nicht wenige starben noch Jahrzehnte danach an den Spätfolgen der Verstrahlung.

11 Der kirchliche Widerstand

Der Zweite Weltkrieg ist mit nichts zu vergleichen, was je zuvor geschah. Im Schatten des Krieges verübte Nazi-Deutschland den Holocaust, den fürchterlichsten, in seinem Ausmaß und seiner technischen Perfektion schrecklichsten Genozid aller Zeiten. Was die Nazis dem jüdischen Volk – und kleinen Minderheiten wie den Sinti und Roma sowie Behinderten oder politisch Andersdenkenden – angetan haben, ist historisch beispiellos.

In seinem Lehrschreiben ›Mit brennender Sorge‹ (1937) hat Papst Pius XI. die deutschen Katholiken im Namen Gottes, im Namen Jesu Christi und im Namen der Menschlichkeit zum Widerstand gegen den Nationalsozialismus aufgerufen. Wie aber verhielten sich, unter ihrem sehr diplomatischen Vorsitzenden Adolf Kardinal Bertram, die einzelnen deutschen Bischöfe in diesen schwierigen, von einem terroristischen, Angst und Schrecken einjagenden ›Führer‹ brutal beherrschten Zeiten? Wie äußerten sie sich zum von Hitler begonnenen Zweiten Weltkrieg? Welcher Spielraum blieb ihnen in einem diktatorisch gelenkten, von der allgegenwärtigen Geheimpolizei überwachten Unrechtsstaat?

Die deutschen Bischöfe waren gewiss keine Nazis, aber sie haben Hitlers Krieg nicht von Anfang an mit klaren Worten verurteilt. Der bischöfliche Widerstand gegen die Nazis war im Kern eher ein partikulärer Widerstand: Vor allem dann, wenn kirchliche Interessen, seelsorgliche Belange oder katholische Moralprinzipien von den Nazis missachtet wurden (etwa im Zuge des ›Euthanasie‹-Programms), protestierten die Bischöfe. Doch immerhin, einzelne Priester und Ordensleute wie der Jesuit Alfred Delp und der pazifistische Priester Max Josef Metzger – oder auf evangelischer Seite Pastor Dietrich Bonhoeffer und dessen Bruder, der Jurist Klaus Bonhoeffer – leisteten aktiven und umfassenden Widerstand gegen das Hitler-Regime.

Manche Christen riskierten ihr Leben, um jüdische Menschen vor der Verfolgung zu schützen. Auch einige Bischöfe (etwa der Münchener Kardinal Michael von Faulhaber, der Berliner Kardinal Konrad von Preysing, der Rottenburger Bischof Johannes Sproll, der Hildesheimer Bischof Joseph Machens) erwiesen sich als mutige Verfechter der Menschenrechte und somit als entschiedene Nazi-Gegner. Kardinal Konrad von Preysing hielt sogar – höchst waghalsig – engen Kontakt zum Kreisauer Kreis: einer zivilen, überwiegend religiös motivierten Widerstandsgruppe gegen Hitler.[95]

Besonders scharf predigte der Bischof von Münster, Clemens August Graf von Galen, schon 1934 und forciert wieder im August 1941 gegen den Nationalsozialismus und brachte sich damit persönlich in Lebensgefahr. Freilich war Clemens von Galen (der 1946 von Pius XII. zum Kardinal erhoben wurde) kein prinzipieller Kriegsgegner. Während mehrere Bischöfe in ihren Hirtenbriefen unmittelbar vor dem Kriegsausbruch gegen die Kriegsvorbereitungen Hitlers Stellung bezogen, hat Clemens von Galen in einem Rundschreiben an den Klerus vom 14. September 1939 den deutschen Angriffskrieg, wenn überhaupt, nur halbherzig kritisiert. Und in einem Hirtenbrief vom 14. September 1941 ließ er den Überfall Hitlers auf die Sowjetunion als einen Kampf gegen die »Pest des Bolschewismus« gelten.[96] Was ihn aber nicht daran hinderte, wesentliche nationalsozialistische Prinzipien – etwa den Antisemitismus, die menschenverachtende ›Rassenlehre‹, die Tötung ›lebensunwerten Lebens‹ – öffentlich anzuprangern.

Nur – Bischöfe wie Konrad von Preysing oder Clemens von Galen stellten innerhalb der Fuldaer Bischofskonferenz eine Minderheit dar. Reichlich spät erst, im April 2020 im wichtigen Schreiben ›Deutsche Bischöfe im Weltkrieg‹, bekannte die Deutsche Bischofskonferenz unter ihrem Vorsitzenden Georg Bätzing eine Mitschuld der deutschen katholischen Bischöfe am Zweiten Weltkrieg: »Indem die meisten von ihnen dem Krieg kein eindeutiges ›Nein‹ entgegenstellten, sondern den Willen zum Durchhalten stärkten, machten sie sich mitschuldig am Krieg.«[97]

Hoch umstritten war lange Zeit auch die Rolle von Papst Pius XII. im Blick auf den Holocaust in der NS-Zeit. Bekanntlich hat der Dramatiker Rolf Hochhuth in seinem Theaterstück ›Der Stellvertreter‹ (1963) dem Papst eine erhebliche Mitschuld durch diplomatisches Schweigen vorgeworfen. Nach der Öffnung der Archive durch Papst Franziskus haben detailgenaue Forschungen des Kirchenhistorikers Michael Feldkamp jedoch ergeben: Pius XII. hat sich im Rahmen seiner Möglichkeiten für die Juden eingesetzt und mindestens 15000 Juden persönlich gerettet.

Differenziert zu bewerten ist auch die protestantische Haltung in der NS-Zeit. Gut dokumentiert ist die Position namhafter evangelischer Kirchenvertreter während der Hitler-Tyrannei. Die Reaktionen auf Hitler – auf seine Ideologie und seinen Krieg – waren sehr unterschiedlich. Die rassistisch und antisemitisch eingestellten ›Deutschen Christen‹ mit ihrem ›Reichsbischof‹ Ludwig Müller (1883–1945) an der Spitze akzeptierten den Krieg und glaubten an die Möglichkeit einer Synthese zwischen Christentum und Nationalsozialismus. Die ›Bekennende Kirche‹ indessen (zu deren bekanntesten Mitgliedern Martin Niemöller, Karl Barth, Helmut Gollwitzer, Dietrich Bonhoeffer, Elisabeth von Thadden und Helmuth James Graf von Moltke zählten) leistete konsequenten Widerstand gegen das Nazi-Regime. Viele Mitglieder der ›Bekennenden Kirche‹ wurden von den Nazis verfolgt und grausam hingerichtet.[98]

12 Kriege – und kein Ende in Sicht

Wie hemmungslos und bar jeder Menschlichkeit Kriege geführt werden, insbesondere gegen wehrlose Zivilisten, gegen Greise, Frauen und Kinder, haben seit dem Ende des Zweiten Weltkrieges eine schier endlose Reihe gewaltsamer Auseinandersetzungen offenbar gemacht: unter anderem der Vietnam-Krieg, der Nordirland-Konflikt, die Jugoslawien-Kriege, die kriegerischen Konflikte im Nahen Osten, der syrische Bürgerkrieg, die Kriege im Irak, in Afghanistan, im Jemen, in Mali, im Sudan sowie aktuell der Ukraine-Krieg mit seiner kriegerischen Vorgeschichte in Tschetschenien und Georgien. Alle diese Kriege werden maximal zerstörerisch, demoralisierend und bösartig geführt, stets mit verlogenen Begründungen. Zu den immer gleichen Motiven des Imperialismus und der fanatisch-religiösen Ideologie kam als neues Motiv der ›Stellvertreter-Krieg‹ hinzu: als Konflikt der Großmächte ›im Kleinen‹, beispielsweise im Jemen.

Die vielen weiteren Kriegsverbrechen nach 1945 aufzuzählen und im Detail zu analysieren, würde viele Bände oder ganze Bibliotheken füllen. Um nicht ins Uferlose zu geraten, beschränke ich meine Anmerkungen auf wenige Beispiele.

Schon die Vertreibung der etwa 700000 arabischen Palästinenser durch die Israelis in den Jahren 1947 bis 1949 war ethisch gesehen ein massives Unrecht.[99] Der UN-Teilungsplan von 1947, der auf dem ursprünglich britischen Mandatsgebiet Palästina die Gründung zweier Staaten – eines palästinensischen und eines israelischen – vorsah, führte 1948 zur Gründung des Staates Israel, aber bis zum heutigen Tag zu keiner friedlichen Lösung des Konflikts zwischen Israelis und arabischen Palästinensern. Die gewaltsamen Auseinandersetzungen im Nahen Osten, noch angefeuert durch die expansive israelische Siedlungspolitik im Westjordanland, eskalieren zu terroristischen Übergriffen, die immer neues Blutvergießen nach sich ziehen. Im Grunde kann der israelisch-palästinensische Konflikt auch als ›Stellvertreter-Krieg‹ verstanden werden. Beide Seiten werden von außen aufgerüstet: Israel vom Westen, besonders den USA, die Palästinenser von Saudis, von Ägypten, vom Iran. Eine gewaltfreie Lösung des Konflikts scheitert bislang am ideologischen Starrsinn und am kompromisslosen Nationalismus auf beiden Seiten. Religiöse Motive – Differenzen zwischen Judentum und Islam – spielen dabei insofern eine Rolle, als sich Fundamentalisten und religiöse Fanatiker, in Israel wie in Palästina, gegenüber Toleranten und Friedfertigen durchsetzen. In der Hauptsache geht es, wie seit eh und je in der Welt, um die Erhaltung und Ausdehnung von politischen oder religiösen Machtansprüchen. Was auf der Strecke bleibt, ist die Menschlichkeit.

Dasselbe gilt für die gewalttätigen Konflikte zwischen Katholiken und Protestanten in Nordirland, die zwischen 1969 und 1998 die nordirische und britische Politik dominierten. Die Begriffe »katholisch« und »protestantisch« werden in diesem Falle als Unterscheidungsmerkmale zweier Gruppen verwendet, die in erster Linie gegensätzliche soziale, politische und wirtschaftliche, vielleicht auch – in zweiter Linie – religiöse Einstellungen betreffen. Als »Religionskrieg« im eigentlichen Sinne kann man diese bewaffneten Auseinandersetzungen (die 1998 mit dem ›Karfreitagsabkommen‹ vorerst beendet wurden) meines Erachtens nicht bezeichnen.[100] In Wirklichkeit handelte es sich um einen Bürgerkrieg, einen Identitäts- und Machtkampf zweier Bevölkerungsgruppen.

Kriege zwischen christlichen Glaubensgemeinschaften, etwa katholischen oder evangelischen, waren religiös noch nie zu rechtfertigen. Die theologischen Unterschiede zwischen den verschiedenen christlichen Konfessionen waren schon immer weitaus geringer als die Gemeinsamkeiten. Heute im Zeitalter der christlichen Ökumene und des interreligiösen Dialogs wären gewaltsam ausgetragene Streitigkeiten unter den Konfessionen und Religionen erst recht obsolet und absurd.

13 Pseudoreligiöse Kriegs-Hintergründe

Von anderer Qualität sind die Kriegsverbrechen im Zuge der Balkankriege auf dem Gebiet des ehemaligen Jugoslawien in den Jahren 1991 bis 2002. Das Massaker von Srebrenica im Juli 1995, bei dem mehr als 8000 bosnische Männer und Jugendliche ermordet wurden, gilt als schwerstes Kriegsverbrechen in Europa seit dem Ende des Zweiten Weltkriegs und wurde vom Internationalen Gerichtshof in Den Haag als Völkermord gewertet. Einer der Hauptschuldigen war der – 2017 zu lebenslänglicher Haft verurteilte – serbisch-bosnische General Ratko Mladic (geb. 1942). Auch der serbische Politiker Slobodan Milosevic (1941–2006) wurde, im Zusammenhang mit dem Kosovo-Krieg (1998/99), wegen Völkermords angeklagt und 2001 an das UN-Kriegsverbrechertribunal in Den Haag ausgeliefert.

Religiöse Hintergründe – Konflikte zwischen orthodoxen Serben, katholischen Kroaten und muslimischen Bosniern – sind im Falle dieser Balkankriege nicht auszuschließen. Die eigentliche Kriegsursache war aber zweifellos der Nationalismus der untereinander zerstrittenen ethnischen Gruppen.[101]

Ausschließlich machtpolitische und ökonomische, aber keinerlei religiöse Motive – abgesehen von propagandistischen Floskeln wie ›notwendiger‹ Krieg gegen die »Achse des Bösen« – bestimmten den Irakkrieg im Jahre 2003. Das irakische Öl sollte für den Westen gesichert werden. Militärisch handelte es sich um eine Offensive der USA, Großbritanniens und einer »Koalition der Willigen«, die zur Eroberung der Hauptstadt Bagdad durch die westlichen Alliierten und zum Sturz des irakischen Diktators Saddam Hussein führte. Am 1. Mai 2003 erklärte der amerikanische Präsident George W. Bush den Krieg für siegreich beendet.

Der von den USA vor der UNO-Vollversammlung behauptete irakische Atomwaffenbesitz erwies sich als haltloser Vorwand, als glatte Lüge. Es bleibt ein großes Verdienst des damaligen Bundeskanzlers Gerhard Schröder, dass er (in Absprache mit dem französischen Präsidenten Chirac) eine Miteinbeziehung Deutschlands in diesen Krieg verhindert hat. Denn der Irakkrieg war ein völkerrechtswidriger Angriffskrieg, der die völlige Destabilisierung des Landes zur Folge hatte.[102] Auch nach dem Abzug ausländischer Truppen im Jahre 2011 kam es zu keiner Befriedung des Irak, stattdessen zu Bürgerkriegen mit ungezählten Opfern bei der Zivilbevölkerung. Das verhängnisvolle Erbe dieses Krieges und des Regime-Wechsels war das Erstarken des IS, des ›Islamischen Staates‹, der sich mit großer Schnelligkeit im Irak und nach Syrien ausbreitete und die Bevölkerung bis heute terrorisiert.

Aus christlicher Perspektive wirkt es, gelinde gesagt, sehr irritierend, dass bei George W. Bush's Krieg offenbar religiöse Motive stark mit im Spiel waren. Bush ist aktives Mitglied der christlichen Episkopalkirche der USA. Trotz der grundsätzlichen Trennung von Kirche und Staat in den USA gebärdete er sich als einer der frömmsten Präsidenten Amerikas in der jüngeren Geschichte. In seiner Kriegsrhetorik brachte Bush geradezu metaphysische Kategorien ins Spiel – führte er doch eine Art ›Kreuzzug‹ gegen »das Böse«!

Dass in der Welt neben dem Guten auch das Böse existiert, ist nicht zu bestreiten. Aber der Teufel lässt sich, wie das biblische Sprichwort besagt, nicht »mit Beelzebub austreiben« (Mt 12,24-28). Nein, mit kriegerischen Mitteln kann das Böse nicht überwunden werden. Im Gegenteil, es wird in schlimmsten Ausmaßen gefördert und verstärkt.

»Sie schmieden ihre Schwerter zu Pflugscharen um.« (Mi 4,3) Die Einlösung dieses alten Prophetenworts muss auch künftig die politische Aufgabe bleiben. Doch weiterhin werden Massenvernichtungswaffen perfektioniert. Dass sie tatsächlich eingesetzt werden, ist eine reale Gefahr. Seit dem Ausbruch des russischen Angriffskrieges in der Ukraine sind manche Politiker und Journalisten der Meinung, die diplomatische Verhandlungs- und Entspannungspolitik von Politikern wie Willy Brandt, Michail Gorbatschow oder Ronald Reagan (der Abrüstungsverträge geschlossen hat) sei prinzipiell falsch gewesen. Eine Auffassung, die aus meiner Sicht fatal und äußerst gefährlich ist. Ja, wenn das klare Ziel der Kriegsvermeidung und somit der Grundsatz der unbedingten Priorität von Verhandlungen vor der Suche nach militärischen ›Lösungen‹ nicht weiterhin gelten soll, ist es bis zum Dritten Weltkrieg nicht mehr weit.

Die aktuellen politischen Signale scheinen nun wirklich nicht verheißungsvoll. Der Ukraine-Krieg, wo in Europa wieder Christen auf Christen schießen, könnte leicht einen Weltenbrand auslösen, viel verheerender noch als der Zweite Weltkrieg. Und erneut erleben wir – in Russland – eine scheinheilige, durch den Moskauer Patriarchen Kyrill I. religiös bemäntelte Rechtfertigung des Krieges.

Der Krieg
ist immer eine Niederlage
für die Menschheit.
Papst Johannes Paul II.

Kapitel III
Die kirchliche Lehrentwicklung

Kann es, wenn man die Bergpredigt Jesu ernst nimmt, einen »gerechten« Krieg überhaupt geben? Kann das Kriegführen jemals von Gott gewollt und gefordert sein? Sind unter moralischen und vernunftgemäßen Aspekten sinnvolle oder »gerechte« Kriege grundsätzlich denkbar? Sind Militäreinsätze unter bestimmten Voraussetzungen vielleicht sogar ethisch geboten? In der christlichen Theologiegeschichte wurde das ethische Problem der Gewaltanwendung zu allen Zeiten kontrovers diskutiert. Eine völlige Übereinstimmung konnte bisher nicht gefunden werden. Doch die seit jeher umstrittene Lehre vom »gerechten Krieg« ist heute fragwürdiger denn je.

Seit dem Frühjahr 2022 halten – mit Ausnahme der Linken und merkwürdigerweise der AfD – alle im deutschen Bundestag vertretenen Parteien die Lieferung von schweren Waffen an die Ukraine und somit eine indirekte Kriegsbeteiligung Deutschlands und Europas für richtig und notwendig. Doch andererseits mehren sich die Stimmen von einzelnen Kirchenführer/innen und christlichen Autor/innen, auch von Künstler/innen und Intellektuellen, die die herkömmliche Lehre vom gerechten Krieg komplett verwerfen und aus religiösen Motiven – wie auch aus Vernunftgründen – *jeden* Krieg für ungerecht und unsinnig erklären (abgesehen allenfalls von bewaffneten humanitären Interventionen durch UNO-Truppen).

Und die offiziellen christlichen Kirchen – wie positionieren sie sich zu Beginn des dritten Jahrtausends nach Christus? Auch ›amtliche‹ kirchliche Lehraussagen zu Krieg und Frieden haben eine interessante Weiterentwicklung durchgemacht, sie klingen heute ganz anders als noch im 19. Jahrhundert. Inwiefern unterscheiden sich aktuelle kirchliche (katholische oder protestantische) Lehraussagen über den Krieg von früheren kirchlichen Lehrdokumenten? Diese diffizile Frage ist im Folgenden zu erörtern.

1 Die Lehre vom »gerechten Krieg«

Über viele Jahrhunderte hielten die Kirchen an der überlieferten Lehre vom »gerechten Krieg« (bellum iustum) fest. Diese Lehre geht zurück auf die Schriften ›De officiis‹ und ›De re publica‹ des römischen Politikers, Philosophen und Redners Marcus Tullius Cicero (106–43 v. Chr.). Gemeint waren in der Hauptsache Bürgerkriege, weniger externe Kriege. Cicero entwickelte Ansätze einer Kriegstheorie, die zum Teil noch heute gelten: Nur »nach Androhung und Erklärung«[103] können Kriege gerechtfertigt sein. Und vor allem: Ein Krieg als Mittel zur Konfliktlösung darf nur dann erwogen werden, wenn Verhandlungen zu keinem Ergebnis führen.[104]

Ciceros Hauptanliegen war es, Kriege an bestimmte Regeln zu binden, ihre Schrecken einzugrenzen und besiegte Gegner in eine friedliche Nachkriegsordnung einzubeziehen. Kriegerische Auseinandersetzungen darf man, schrieb Cicero, nur »auf sich nehmen zu dem Zweck, dass man ohne Unrecht im Frieden lebt«.[105] Das *Ziel* des Krieges muss also stets der *Friede* sein. Ungerechte Strafaktionen gegen die Unterlegenen darf es demnach nicht geben. Nach dem Kriegsende sind »diejenigen zu begnadigen, die im Kriege nicht grausam und nicht unmenschlich waren«.[106] Grundsätzlich aber sollten Kriege nach Cicero (wie auch schon nach Platon und Aristoteles) vermieden werden. Der frühchristliche Theologe Origenes (185–254) griff Ciceros Unterscheidung von gerechtem und ungerechtem Krieg auf und übernahm sie für die eigene Lehre.[107] Wie später der Bischof und Kirchenlehrer Ambrosius von Mailand (339–397), der sich ebenfalls auf Cicero bezog, in einer veränderten Situation erläuterte, hat jeder Christ das Recht, sich kriegerisch zu verteidigen, wenn er von Barbaren oder Häretikern angegriffen wird.[108]

Die tradierte römisch-rechtliche Maxime lautete:»vim vi repellere fas est.«(»Es ist Rechtens, Gewalt mit Gewalt zu vergelten.«)[109] Diesem antiken Grundsatz gemäß bezeichnete der Kirchenvater Augustinus von Hippo (354–430) in seiner Schrift ›De Civitate Dei‹ den Frieden zwar als göttliches Ziel und den Krieg als gottlose Sache.[110] Gleichwohl erlaubte er den Christen die Teilnahme am Krieg – sofern er der Wiederherstellung des Friedens dient.

Auch die Anwendung von Gewalt gegen Irrlehrer (Häretiker) sah Augustinus als gerechtfertigt an, um die Einheit der Kirche zu retten.[111] Für einen gerechten Verteidigungskrieg nannte er, neben der Wiederherstellung des Friedens, zwei weitere Hauptkriterien: Der Krieg darf sich nur gegen ein begangenes, den Feinden vorwerfbares Unrecht richten. Und er muss von einer legitimen Autorität genehmigt werden: von einer höheren Instanz, die freilich nicht gegen göttliche Gebote verstoßen darf.

Der große Theologe, Philosoph und Dominikanermönch Thomas von Aquin übernahm, was den»gerechten Krieg«betrifft, in seinem (zwischen 1265 und 1273 entstandenen) Hauptwerk ›Summa theologica‹ im Wesentlichen die Positionen des Augustinus, die er zu einer systematischen Theorie ausbaute.[112] Wie schon Augustinus sah Thomas in der ›Häresie‹, im Abweichen von der ›reinen‹ kirchlichen Lehre, eine schwere *Sünde*. Als angemessene Strafe für die ›Schismatiker‹ (die ›Glaubensspalter‹) betrachtete er den Kirchenbann. Und wenn dieser nicht ausreichte, sollte die weltliche Macht die Häretiker *zwangsweise* zur Vernunft bringen. Thomas befürwortete somit, als ultima ratio, die kriegerische Gewalt gegen die Irrgläubigen, insbesondere die Albigenser.[113]

Auch Gratian, der Schöpfer des (um 1140 abgeschlossenen) systematischen Kirchenrechts, behandelte – auf Augustinus basierend – die Frage nach den Kennzeichen eines »gerechten Krieges«.[114] Als Voraussetzung für einen legitimen Krieg nannte der Benediktinermönch, neben der »gerechten Sache«, die notwendige »Autorität« (auctoritas), die einen Krieg anordnen kann. Zweifelsfrei *heilig* waren für Gratian die von *Gott* befohlenen Kriege im Alten Testament. Aber wer war, außer Gott, sonst noch befugt, einen Krieg für gerecht zu erklären? Nach der eigenwilligen Auffassung des Papstes Innozenz IV. (1243–1254) hatte allein der Papst dieses Recht.[115]

2 Korrekturen an der christlichen Lehrtradition

Im Widerspruch zur Lehre der mittelalterlichen Päpste meinte der schon erwähnte englische Jurist und Theologe Radulfus Niger (1146–1200),[116] die Kirche dürfe zum Blutvergießen nicht beitragen; eine Rechtfertigung etwa des Kreuzzuges als »bellum iustum« sei nicht hinzunehmen.[117] Eine Gewaltanwendung durch Christen erklärten auch spätere Theologen nur in einem sehr eingeschränkten Sinne für erlaubt: etwa zur Verhinderung oder zur Bekämpfung von Verbrechen, zum Schutz der Menschenrechte – durch dazu befugte Instanzen.[118] Legitime Gewalt wird von den meisten heutigen Kirchenvertretern auf klare Notwehrsituationen begrenzt. Angriffskriege gelten somit in jedem Falle als rechtswidrig. Und auch bei Verteidigungskriegen muss der rechtsstaatliche Grundsatz von der »Wahrung der Verhältnismäßigkeit der Mittel« unbedingt eingehalten werden.[119]

Im Rückblick auf die herkömmliche Beurteilung des Krieges im christlichen Europa schrieb der bekannte Theologe, Psychotherapeut und Kirchenkritiker Eugen Drewermann: Auf lange Zeit hin war in den christlichen Kirchen »gerade die ›Lehre vom gerechten Krieg‹ maßgebend. Theologischerseits blieb das Bewußtsein wohl erhalten, daß man es bei dieser Theorie im Grunde mit einer ›Notverordnung‹ zu tun hatte, die, am Maßstab der Bergpredigt gemessen, eigentlich einer Rechtfertigung des Gottwidrigen, einer Entschuldigung der Sünde gleichkam; besonders die protestantische Theologie hat darauf immer wieder hingewiesen. In der katholischen Kirche aber spielten zunehmend naturrechtliche Erwägungen eine Rolle, wonach es das gottgewollte Recht eines jeden Menschen sei, sich gegen Gewalt und Unrecht zu schützen.«[120]

Wie Drewermann hält auch der Philosoph, Ethiker und Terrorismus-Experte Georg Meggle (geb. 1944) die traditionelle kirchliche Lehre vom gerechten Krieg für durchaus mangelhaft und korrekturbedürftig. Meggle vermisst in der überkommenen Doktrin vor allem eine stärkere Beachtung von »Kollateral-Schäden«, die Unbeteiligte betreffen:»Je stärker die Kollateral-Schäden sind, desto näher kommen sie dem Fall, in dem sich die Gewalt mit voller Absicht gegen Unschuldige richtet.«[121] Georg Meggle hebt hervor: Aus der Perspektive unschuldig vom Krieg betroffener Menschen kann der Krieg, auch im Verteidigungsfall, niemals »gerecht« sein.

Ist also die Anwendung von Gewalt in *keinem* Fall für Christen eine moralisch gerechtfertigte Möglichkeit? Der katholische Theologe Herbert Vorgrimler (1929–2014) gab zu bedenken:»Neuere Überlegungen gelten der Frage, ob angesichts massiver Rechtsverletzungen durch die eigene politische Führung oder angesichts ›struktureller Gewalt‹ in bestimmten gesellschaftlichen Verhältnissen gewaltsamer Widerstand bzw. Revolution auch für Christen erlaubt sein könnten. Die überwiegende Meinung geht dahin, diese Frage zu bejahen.«[122]

Vorgrimler dachte an die zahllosen Mordanschläge und barbarischen Folterungen, die in vielen Ländern Lateinamerikas von Seiten der Staatsgewalt angedroht und vollstreckt werden. Könnte in solchen Notsituationen die Gegengewalt durch Christen eine sinnvolle und wirksame Option sein? Angesichts des gravierenden staatlichen Unrechts hat die lateinamerikanische Befreiungstheologie zum Teil ein sehr schwieriges Verhältnis zur Gewalt. Manche Befreiungstheologen bejahen die Gewalt als letztes Mittel im Kampf gegen strukturelle Ungerechtigkeit. Andere – etwa Leonardo Boff oder Papst Franziskus – lehnen jede Gewalt ab.

3 Das Vaticanum II und der Friedensgedanke

Wir sahen und werden noch sehen: Die kirchliche Lehre vom »gerechten Krieg« wurde im Lauf der Jahrhunderte oftmals neu bedacht und mehr oder weniger korrigiert – bis hin zum faktischen Widerruf dieser Lehre durch die Päpste Johannes Paul II. und Franziskus.[123] Den politischen Themenkomplex ›Krieg und Frieden‹ hat in jüngerer Zeit besonders das 1962 von Papst Johannes XXIII. einberufene, von Papst Paul VI. weitergeführte und im Jahr 1965 beendete Zweite Vatikanische Konzil aufgegriffen: vor allem – und für die Zukunft der Menschheit richtungweisend – in der pastoralen Konstitution über die Kirche in der Welt von heute (»Gaudium et spes«).

Jenseits eines nationalstaatlichen Denkens sieht das Konzil die Menschheit als eine einzige große Familie an.[124] Der wohl wichtigste Paradigmenwechsel in den Konzilsbeschlüssen war – nach heftigen kontroversen Diskussionen unter den Konzilsvätern – das eindeutige Ja zur *Religionsfreiheit*.[125] Gemeint ist in der ›Erklärung über die Religionsfreiheit »Dignitatis humanae«‹ nicht nur die, schon immer geforderte, freie Religionsausübung für Katholiken (in Ländern, wo sie eine Minderheit sind), sondern ebenso die Freiheit für *alle* Religionen und Weltanschauungen. Die von mittelalterlichen Päpsten angeordnete Gewalt gegen Ketzer und Häretiker wird hiermit – wenn auch nur indirekt – als Irrweg, als schwere Schuld, gebrandmarkt.

Ein entschiedenes, überaus deutliches Nein spricht das Konzil auch zum Krieg: im Dokument »Gaudium et spes«. Speziell im Blick auf atomare, biologische und chemische Waffen erklären die Konzilsväter:

Mit der Fortentwicklung wissenschaftlicher Waffen wuchsen der Schrecken und die Verwerflichkeit des Krieges ins Unermessliche. Die Anwendung solcher Waffen im Krieg vermag ungeheure und unkontrollierbare Zerstörungen auszulösen, die die Grenzen einer gerechten Verteidigung weit überschreiten. (…) All dies zwingt uns, die Frage des Krieges mit einer ganz neuen inneren Einstellung zu prüfen. Die Menschen unseres Zeitalters sollen wissen, dass sie über ihre kriegerischen Handlungen einmal schwere Rechenschaft abzulegen haben. Von ihren heutigen Entscheidungen hängt nämlich weitgehend der Lauf der Zukunft ab.[126]

Das Konzil stellt fest: Die modernen Massenvernichtungsmittel werden nicht nur zum tatsächlichen Einsatz im Kriegsfall angehäuft, sondern in erster Linie zur Abschreckung des potentiellen Gegners. Zum damit verknüpften Rüstungswettlauf warnt das Vaticanum II mit dringlichen Worten und scharfen Formulierungen:

Weil man meint, dass die Stärke der Verteidigung von der Fähigkeit abhänge, bei einem Angriff des Gegners blitzartig zurückzuschlagen, dient diese noch jährlich wachsende Anhäufung von Waffen dazu, (…) mögliche Gegner abzuschrecken. Viele halten dies heute für das wirksamste Mittel, einen gewissen Frieden zwischen den Völkern zu sichern. Wie immer man auch zu dieser Methode der Abschreckung stehen mag – die Menschen sollten überzeugt sein, dass der Rüstungswettlauf (…) kein sicherer Weg ist, den Frieden zu sichern, und dass das daraus sich ergebende sogenannte Gleichgewicht kein sicherer und wirklicher Friede ist. Statt dass dieser die Ursachen des Krieges beseitigt, drohen diese dadurch sogar eher weiter zuzunehmen. Während man riesige Summen für die Herstellung immer neuer Waffen ausgibt, kann man nicht genügend Hilfsmittel bereitstellen zur Bekämpfung all des Elends in der heutigen Welt. (…) Darum muss noch einmal erklärt werden: *Der Rüstungswettlauf ist eine der schrecklichsten Wunden der Menschheit, er schädigt unerträglich die Armen. Wenn hier nicht Hilfe geschaffen wird, ist zu befürchten, dass er eines Tages all das tödliche Unheil bringt, wozu er schon jetzt die Mittel bereitstellt.*[127]

Aus diesen Textpassagen folgt konsequent: Eines der wichtigsten politischen Ziele, das das Vaticanum II anstrebt, ist die *absolute Ächtung des Krieges*. So heißt es in »Gaudium et spes«:

> Es ist (…) deutlich, dass wir mit all unseren Kräften jene Zeit vorbereiten müssen, in der auf der Basis einer Übereinkunft zwischen allen Nationen jeglicher Krieg absolut geächtet werden kann. Das erfordert freilich, dass eine von allen anerkannte öffentliche Weltautorität eingesetzt wird, die über wirksame Macht verfügt, um für alle Sicherheit, Wahrung der Gerechtigkeit und Achtung der Rechte zu gewährleisten. Bevor aber diese wünschenswerte Autorität konstituiert werden kann, müssen die jetzigen internationalen höchsten Gremien sich intensiv um Mittel bemühen, die allgemeine Sicherheit besser zu gewährleisten.[128]

Man kann sich fragen: Sind die vom Vaticanum II anvisierten friedenspolitischen Ziele utopisch, sind sie in dieser Welt überhaupt erreichbar? Nicht zu bestreiten ist meines Erachtens: Wer keine politischen Ideale, keine Visionen, keine ethischen Zielvorstellungen hat, wird *nichts* bewirken, auch nicht das politisch grundsätzlich Mögliche.

4 Päpstliche Friedens-Enzykliken

Dass die offizielle, von den Päpsten repräsentierte katholische Kirche spätestens seit dem Beginn des Ersten Weltkriegs für den Frieden eintritt, ist dokumentarisch bestens belegt. Auch für Nichtkatholiken und Nichtchristen beachtenswert sind die Friedensenzykliken der Päpste seit Benedikt XV. (1914–1922). Alle diese Lehrschreiben unterstreichen die prinzipielle Absage der Kirche an die Gewalt.

Die wichtigsten päpstlichen Rundschreiben zum Völkerfrieden seien hier genannt und, zum Teil, kurz vorgestellt. In seiner ersten Friedensenzyklika ›Pacem, Dei munus pulcherrimum‹ (1920) rief Papst Benedikt XV. zur Versöhnung nach dem Ersten Weltkrieg auf. Die Antrittsenzyklika ›Ubi arcano Dei‹ (1922) des Papstes Pius XI. beklagte das Leid, das der Erste Weltkrieg über so viele Menschen gebracht hatte.

Dem mörderischen Krieg stellte der Papst den »Frieden Christi« als wahren Heilsweg gegenüber.

Papst Pius XII. betonte in seiner Enzyklika ›Summi pontificatus‹ (1939) das christliche Gebot der Solidarität und Liebe zwischen allen Menschen. Er warnte zugleich vor jeder Vergöttlichung staatlicher Gewalt und wandte sich gegen den Herrschaftsanspruch von Diktaturen, ganz konkret gegen den Rassismus und die Besetzung Polens durch die deutsche Wehrmacht.

Ein Jahrzehnt später äußerte Pius XII. im Rundschreiben ›Mirabile illud‹ (1950) die bedrängende Sorge, »wie die Völker sich in der furchtbaren Drohung von Kriegen ängstigen (…). Ist es nicht vollkommen klar, dass diese blutigen Kämpfe Zerstörungen, Gemetzel und Elend aller Art mit sich bringen? Die Kampfmittel und Kriegsrüstungen, Erfindungen des zu ganz anderen Zielen bestimmten menschlichen Geistes, sind heute so ungeheuer, dass es jedem mit Herz begabten Menschen Entsetzen einflößen muss, vor allem, weil sie nicht nur Heere treffen, sondern auch die Zivilpersonen, Kinder, Frauen, alte Leute und Kranke (…)! Wer wird nicht von Entsetzen gepackt im Gedanken, dass neue Friedhöfe sich an die zahllosen des letzten Krieges anschließen, neue rauchende Trümmer von Dörfern und Städten neue trostlose Schutthaufen bilden sollten?«[129]

Im Anschluss an Pius XII. und unter Berufung auf die göttliche Heilsordnung, wie sie in den biblischen Schriften geoffenbart sei, setzte sich Papst Johannes XXIII. – übereinstimmend mit den Texten des Zweiten Vatikanischen Konzils[130] – in seiner Friedensenzyklika ›Pacem in terris‹ (1963) für die allgemeinen Menschenrechte ein, zu denen wesentlich ein Leben unter friedlichen und sozial gerechten Verhältnissen gehöre. Angelo Giuseppe Roncalli, Papst Johannes XXIII., fand in mehrfacher Hinsicht neue Töne im Vergleich zu päpstlichen Verlautbarungen in früheren Jahrhunderten!

In ›Pacem in terris‹ bekundet Johannes XXIII. seinen »großen Schmerz, dass in den wirtschaftlich gut entwickelten Staaten ungeheuere Kriegsrüstungen geschaffen (…) werden (…). So kommt es, dass die Bürger dieser Nationen keine geringen Lasten zu tragen haben und andere Staaten, die sich wirtschaftlich und sozial entwickeln sollten, der notwendigen Hilfeleistungen entbehren.« Nach der Ansicht des Papstes »fordern Gerechtigkeit, gesunde Vernunft und Rücksicht auf die Menschenwürde dringend, dass der allgemeine Rüstungswettlauf aufhört«. Im Atomzeitalter sei es gänzlich unvernünftig, »den Krieg noch als das geeignete Mittel zur Wiederherstellung verletzter Rechte zu betrachten«. Zugleich verlangt Johannes XXIII. ein generelles Verbot von Atomwaffen. Allerdings räumt er ein, »dass das Ablassen von der Rüstungssteigerung, die wirksame Abrüstung oder – erst recht – die völlige Beseitigung der Waffen so gut wie unmöglich sind, wenn dieser Abschied von den Waffen nicht allseitig ist«.[131] Folglich sind weitere Verhandlungen mit dem Ziel eines möglichst weitgehenden Abbaus der Waffen unbedingt notwendig.

5 Die Mahnungen des ›Weltkatechismus‹

Die friedenspolitische Leitidee der Enzyklika ›Pacem in terris‹ war es, das auf nationaler Ebene etablierte Gewaltmonopol des Staates auf die internationale Ebene unter Führung der UNO zu übertragen. Doch leider wurde und wird der Sicherheitsrat der UNO – so der katholische Sozialethiker Markus Vogt – »zunehmend von den Vetomächten für ihre Partikularinteressen missbraucht und hat daher seine Glaubwürdigkeit eingebüßt«.[132] Nach wie vor gültig aber bleibt die ethische Mahnung Johannes XXIII., dass die zwischenstaatlichen Beziehungen »nicht durch Waffengewalt, sondern nach den Gesetzen der gesunden Vernunft, also nach den Gesetzen der Wahrheit, Gerechtigkeit und der tätigen Solidarität zu regeln« seien.[133]

In Ergänzung zu ›Pacem in terris‹ erweiterte Giovanni Montini, Papst Paul VI., in seiner Enzyklika ›Populorum progressio‹ (1967) den Friedensauftrag der Kirche um das Engagement für den sozialen Ausgleich zwischen Nord und Süd. Eine weltwirtschaftliche Gerechtigkeit und eine Überwindung der Diskrepanz zwischen reichen und armen Ländern waren für diesen Papst Voraussetzung und Grundlage für den Frieden in der Welt. Stark beeinflusst von den Reden und Schriften des brasilianischen Erzbischofs Hélder Camara (einem der profiliertesten Vertreter der Befreiungstheologie) betrachtete Paul VI. den Anspruch auf Privateigentum als der sozialen Gerechtigkeit untergeordnet. Niemand sei – so steht es in ›Populorum progressio‹ – befugt, seinen privaten Überfluss für sich zu behalten, wo anderen das Notwendigste fehlt.[134]

Einen weiteren sehr wichtigen Friedensaspekt benannte Papst Johannes Paul II. in seiner Enzyklika ›Sollicitudo rei socialis‹ (1987/88). Nicht nur den sozialen Ausgleich brachte der Papst in einen engen Zusammenhang mit der Friedenspolitik, sondern ebenso die großen *ökologischen* Themen. Kriegerische Auseinandersetzungen verwarf Karol Wojtyla, der polnische Papst, bei jeder sich bietenden Gelegenheit. So bezeichnete er in einer dramatischen Rede zum Jahresbeginn 2003 *jeden Krieg* als Niederlage für die Menschheit.[135]

Im 1993 von Johannes Paul II. approbierten, 1992 unter der Federführung des damaligen Kurienkardinals Joseph Ratzinger (des späteren Papstes Benedikt XVI.) entstandenen ›Katechismus der Katholischen Kirche‹, dem sogenannten ›Weltkatechismus‹, wird dem Thema ›Krieg und Frieden‹ in den Artikeln 2302 bis 2317 außerordentlich viel Raum gewidmet. Die tradierte Lehre vom ›gerechten Krieg‹ wird in diesen Artikeln nicht nur modifiziert, sondern praktisch für obsolet erklärt. An vielen Stellen beruft sich der ›Weltkatechismus‹ in seinem Nein zum Krieg auf die entsprechenden Texte des Zweiten Vatikanischen Konzils, selbstverständlich auch auf die Bergpredigt Jesu und, nicht zuletzt, auf »die menschliche Vernunft«.[136]

Grundsätzlich und lapidar erklärt der ›Weltkatechismus‹: »Damit das Menschenleben geachtet wird und sich entfalten kann, muss Friede sein. (…) Jeder Bürger und jeder Regierende ist verpflichtet, sich für die Vermeidung von Kriegen tätig einzusetzen.«[137] *Angriffskriege*, wie auch immer sie motiviert sein mögen, werden im Katechismus von

1993 generell als rechtswidrig eingestuft. Zur Frage nach der ethischen Erlaubtheit von *Verteidigungskriegen* wird in quasi juristischer Sprache vermerkt:

> Die Bedingungen, unter denen es einem Volk gestattet ist, sich in Notwehr militärisch zu verteidigen, sind genau einzuhalten. Eine solche Entscheidung ist so schwerwiegend, dass sie nur unter den folgenden strengen Bedingungen, die *gleichzeitig gegeben sein müssen*, sittlich vertretbar ist:
> – Der Schaden, der der Nation oder der Völkergemeinschaft durch den Angreifer zugefügt wird, muss sicher feststehen, schwerwiegend und von Dauer sein.
> – Alle anderen Mittel, dem Schaden ein Ende zu machen, müssen sich als undurchführbar oder wirkungslos erwiesen haben.
> – *Es muss ernsthafte Aussicht auf Erfolg bestehen.*
> – Der Gebrauch von Waffen darf *nicht Schäden oder Wirren mit sich bringen, die schlimmer sind als das zu beseitigende Übel.* Beim Urteil darüber, ob diese Bedingung erfüllt ist, ist sorgfältig auf die *gewaltige Zerstörungskraft der modernen Waffen* zu achten.[138]

Praktisch ist es unter den Bedingungen moderner Kriege so gut wie undenkbar, dass obige Voraussetzungen für eine Rechtfertigung des Verteidigungskriegs komplett erfüllt werden können. Falls aber doch, räumt der katholische Katechismus – mit gleichzeitigem Verweis auf das Recht der *Kriegsdienstverweigerung* – ein:

> Die staatlichen Behörden haben in diesem Fall das Recht und die Pflicht, den Bürgern die zur nationalen Verteidigung notwendigen Verpflichtungen aufzuerlegen. (…)
> Die staatlichen Behörden sollen sich in angemessener Weise um jene kümmern, die *aus Gewissensgründen den Waffengebrauch verweigern.* Diese bleiben verpflichtet, der Gemeinschaft in anderer Form zu dienen.[139]

Im Blick auf Kriegsverbrechen schließt sich der Katechismus den Grundsätzen des modernen Völkerrechts an:

> Handlungen, die mit Wissen und Willen gegen das Völkerrecht und seine allgemeinen Grundsätze verübt werden, sowie Befehle, solche

Handlungen auszuführen, sind Verbrechen. Blinder Gehorsam ist kein ausreichender Entschuldigungsgrund für jene, die sich solchen Befehlen fügen.[140]

Mit Bezug auf Kriegshandlungen, die auf die Vernichtung ganzer Städte oder weiter Gebiete und ihrer Bevölkerung abstellen, warnt und mahnt die heutige katholische Weltkirche:

(…). Eine Gefahr des modernen Krieges ist es, den Besitzern hochtechnisierter, insbesondere atomarer, biologischer oder chemischer Waffen Anlass zu solchen Verbrechen zu geben.

Die *Anhäufung von Waffen* erscheint vielen als ein paradoxerweise geeignetes Vorgehen, mögliche Gegner vom Krieg abzuhalten. Sie sehen darin das wirksamste Mittel, um den Frieden zwischen den Nationen zu sichern. Gegenüber einer solchen Abschreckung sind *schwere moralische Vorbehalte* anzubringen. Der Rüstungswettlauf sichert den Frieden nicht. Statt die Kriegsursachen zu beseitigen, droht er diese zu *verschlimmern*. Die Ausgabe ungeheurer Summen, die für die Herstellung immer neuer Waffen verwendet werden, verhindert, dass notleidenden Völkern geholfen wird.[141]

6 ›Fratelli tutti‹

Alle Päpste der letzten Jahrzehnte verurteilten den Rüstungswettlauf. Die mit dem Jesuswort »Selig, die Frieden stiften« (Mt 5,9) überschriebene Botschaft des Papstes Benedikt XVI. zum Weltfriedensjahr 2013 liegt voll auf der Linie des – von ihm ja geprägten – ›Weltkatechismus‹ aus dem Jahre 1993 sowie der Enzykliken seiner Vorgänger im Petrusamt.

Benedikt XVI. unterstreicht zwar in erster Linie die Notwendigkeit eines *inneren* Friedens des Menschen mit *Gott* und mit *sich selbst*; ebenso deutlich aber betont er die Wichtigkeit des *äußeren* Friedens der Menschen untereinander. Der Papst geht in seinem Friedensappell ausführlich auf die Globalisierung mit ihren positiven wie negativen Aspekten ein. Als Ursachen für den Unfrieden benennt er vor allem

»Egoismus und Gewalt, Habgier, Machtstreben und Herrschsucht, Intoleranz, Hass und ungerechte Strukturen«.[142] Zugleich geht er mit fehlgeleiteten, den Frieden bedrohenden Formen des *Religiösen* ins Gericht:

> Alarmierend sind die Spannungen und Konfliktherde, deren Ursache in der zunehmenden Ungleichheit zwischen Reichen und Armen wie in der Dominanz einer egoistischen und individualistischen Mentalität liegen, die sich auch in einem ungeregelten Finanzkapitalismus ausdrückt. Außer den verschiedenen Formen von Terrorismus (…) sind für den Frieden jene Fundamentalismen und Fanatismen gefährlich, die das wahre Wesen der Religion verzerren, die ja berufen ist, die Gemeinschaft und die Versöhnung unter den Menschen zu fördern.[143]

Benedikt XVI. bestreitet, dass das Vertrauen auf Gott und seine Verheißungen »einfältig und realitätsfern« sei. Menschliches Vertrauen auf *Gott* wie auch auf die *eigenen Möglichkeiten* sind für den Theologen und Metaphysiker Joseph Ratzinger kein Widerspruch:

> Der Mensch ist geschaffen für den Frieden, der ein *Geschenk Gottes* ist. (…) Die Seligpreisung Jesu besagt, dass der Friede messianisches Geschenk und *zugleich Ergebnis menschlichen Bemühens* ist. Tatsächlich setzt der Friede einen *auf die Transzendenz hin offenen Humanismus* voraus. (…) Der Friede ist *kein Traum, keine Utopie*: Er ist möglich. (…) Denn *jeder Mensch ist nach dem Bild Gottes erschaffen* und dazu berufen, zu wachsen, indem er *zum Aufbau einer neuen Welt beiträgt*.[144]

Der Papst zeigt sich überzeugt, dass »das Böse durch das Gute besiegt« werden könne. Er fordert deshalb eine »Pädagogik des Friedens«, eine »Erziehung zu einer Kultur des Friedens«. Anstelle des Profit- und Konsumdenkens setzt er die Sorge um das *Gemeinwohl*. Und die politischen Bemühungen um den Weltfrieden hält Benedikt *dann* für erfolgversprechend, wenn die Menschheit »Gott als letzten Bezugspunkt« anerkennen würde und wenn sie ernsthaft davon ausgehen würde, »dass in Gott alle eine einzige *Menschheitsfamilie* bilden«.[145]

Ob die Menschheit jemals zur Einsicht kommt? Etwas pragmatischer als Benedikt XVI. äußerte sich Papst Franziskus, im Schlussteil seiner

Enzyklika ›Fratelli tutti‹ vom Oktober 2020, zur ethischen Erlaubtheit von Verteidigungskriegen. In den Hauptteilen von ›Fratelli tutti‹ arbeitet der Papst – noch deutlicher als seine Vorgänger – den engen Zusammenhang nicht nur von Frieden und sozialer Gerechtigkeit heraus, sondern ebenso die Notwendigkeit einer ökologisch verantworteten *Umweltpolitik* als Voraussetzung für den Frieden. Die Kriegsgefahr in allen Teilen der Welt sieht Franziskus als größer denn je an:

> Krieg ist kein Gespenst der Vergangenheit, sondern ist zu einer ständigen Bedrohung geworden. Die Welt tut sich immer schwerer auf dem langsamen Weg zum Frieden, den sie eingeschlagen hatte und der allmählich Früchte zu tragen begann. (…) So entscheidet man sich dann leicht zum Krieg unter allen möglichen angeblich humanitären, defensiven oder präventiven Vorwänden, einschließlich der Manipulation von Informationen. In der Tat gaben in den letzten Jahrzehnten alle Kriege vor, »gerechtfertigt« zu sein.[146]

Franziskus zitiert in ›Fratelli tutti‹ nebenbei auch den ›Weltkatechismus‹ (1993) und verschärft dessen Aussagen zum ›gerechten Krieg‹:

> Der springende Punkt ist, dass durch die (…) enormen und wachsenden Möglichkeiten der neuen Technologien der Krieg eine außer Kontrolle geratene Zerstörungskraft erreicht hat, die viele unschuldige Zivilisten trifft. (…) *Deshalb können wir den Krieg nicht mehr als Lösung betrachten,* denn die Risiken werden wahrscheinlich immer den hypothetischen Nutzen, der ihm zugeschrieben wurde, überwiegen. (…) Es ist wichtig hinzuzufügen, dass mit der Entwicklung der Globalisierung das, was als sofortige oder praktische Lösung für ein Gebiet der Erde erscheinen mag, eine Kettenreaktion von oft versteckt verlaufenden Gewaltfaktoren auslöst, die schließlich *den gesamten Planeten* betrifft und den Weg für zukünftige neue und schlimmere Kriege bereitet. In unserer Welt gibt es nicht mehr nur »Stücke« von Krieg in dem einen oder anderen Land, sondern einen »Weltkrieg in Stücken«, weil die Schicksale der Nationen auf der Weltbühne zutiefst miteinander verflochten sind.[147]

Mit starken Worten, in einem flammenden Appell, in einem mit-leidenden Aufschrei verweist der Papst auf die Schmerzen der Kriegs-opfer und ihrer Angehörigen:

Jeder Krieg hinterlässt die Welt schlechter, als er sie vorgefunden hat. Krieg ist ein Versagen der Politik und der Menschheit, eine be-schämende Kapitulation, eine Niederlage gegenüber den Mächten des Bösen. Halten wir uns nicht mit theoretischen Diskussionen auf, sondern treten wir in Kontakt mit den Wunden, berühren wir das Fleisch der Verletzten. Schauen wir auf die vielen massakrierten Zivilisten als »Kollateralschäden«. Fragen wir die Opfer. Achten wir auf die Flüchtlinge, auf diejenigen, die unter atomarer Strahlung oder chemischen Angriffen gelitten haben, auf die Frauen, die ihre Kinder verloren haben, auf die Kinder, die verstümmelt oder ihrer Kindheit beraubt wurden. Achten wir auf die Wahrheit dieser Gewaltopfer, betrachten wir die Realität mit ihren Augen und hören wir ihren Be-richten mit offenem Herzen zu.[148]

7 ›Gerechter Frieden‹

Mit seinem umfangreichen Werk ›Kein Ende der Gewalt?‹ (2018) schuf der prominente katholische Moraltheologe Eberhard Schockenhoff eine grundlegend neue Friedensethik.[149] Er analysiert den Konflikt der aus christlicher Sicht angestrebten Gewaltlosigkeit mit der Schutz-verantwortung für Menschen in Not und zeigt konstruktive Wege zur Überwindung dieses Dilemmas.

In wesentlichen Punkten vertritt und vertieft Eberhard Schockenhoff die Position des Friedenspapstes Franziskus. Nach Franziskus (und auch schon den einschlägigen Texten des Vaticanum II zufolge) ist nicht nur der Einsatz, sondern allein schon der Besitz von Atom-waffen ethisch zu verwerfen. Wie für Benedikt XVI. und frühere Päpste ist für die Friedensgesinnung des argentinischen Papstes nicht die einzelne Nation der leitende Maßstab, vielmehr der – im Neuen Testament grundgelegte – Gedanke der einen *Menschheitsfamilie* (vgl.

1 Kor 12). Franziskus wird deshalb nicht müde, den wieder erstarkten Nationalismus und die »Politik der Abschottung« zu beklagen, die er als Menetekel des Hineinschlitterns in einen Dritten Weltkrieg ansieht.[150]

Für seine pazifistische Ablehnung jeglicher Kriegsführung bekommt Franziskus allerdings Widerspruch von vielen Seiten, auch innerhalb der katholischen Kirche. Die meisten Politiker/innen und auch die Mehrzahl der Christen fordern – darauf werde ich unten in Kapitel VI zurückkommen – eine nach innen und außen *wehrhafte* Demokratie. So schrieb Markus Vogt, Professor für Christliche Sozialethik an der Universität München, angesichts des Einmarsches russischer Truppen in die Ukraine (am 24. Februar 2022): Der Pazifismus des Papstes »hält der Notwendigkeit, den bewaffneten Gewaltexzessen und Aggressionen wehrhaft entgegenzutreten, nicht stand«.[151]

Gegen Markus Vogt, der Waffenlieferungen an die Ukraine bejaht, und *für* den Radikalpazifismus des Papstes positioniert sich wiederum die katholische Friedensbewegung ›Pax Christi‹.[152] Weitgehender Konsens indessen besteht in der Einsicht: Wirklicher Friede herrscht nicht schon dann, wenn gerade nicht Krieg ist. Über alle politischen Anstrengungen zur Kriegsvermeidung hinaus müssen folglich die Bedingungen für einen gerechten, einen nachhaltigen und möglichst umfassenden äußeren und inneren Frieden geschaffen werden.

Wie wir sahen, wurde die christliche Friedensethik lange unter der Überschrift ›Gerechter Krieg‹ diskutiert. Stattdessen hat sich, seit etwa 2000, im ökumenischen Dialog der Terminus ›Gerechter Frieden‹ als Leitgedanke etabliert – beispielsweise im umfangreichen Hirtenwort der deutschen katholischen Bischöfe mit dem Titel ›Gerechter Frieden‹ (27.9. 2000).

In diesem Schreiben bekennt sich die katholische Bischofskonferenz klar zu den Friedensimpulsen der alttestamentlichen Propheten, zur Friedensbotschaft Jesu Christi, zu moderner Demokratie und Rechtsstaatlichkeit, zum »Vorrang für gewaltpräventive Konfliktbearbeitung«,[153] zu Abrüstung und Rüstungskontrolle, zum »Geist der Gewaltfreiheit als inspirierende Kraft«.[154] Im Kontext der

Globalisierung bieten die Bischöfe ihren Dienst an für gesellschaftliche Solidarität, für Gerechtigkeit und Versöhnung. Das Hirtenwort ›Gerechter Frieden‹ bedeutet, so der Sozialethiker Markus Vogt, eine »Horizonterweiterung im Blick auf die vielschichtigen Voraussetzungen des Friedens und die Notwendigkeit, diesen auf allen Ebenen anzustreben«.[155]

Die deutschen Bischöfe unterstreichen, dass man mit Waffen vielleicht einen Krieg, aber niemals den Frieden gewinnen kann. Sie fordern eine frühzeitige Benennung von Gewalt und Menschenrechtsverletzungen; sie erörtern zivilgesellschaftliche Initiativen des Widerstands gegen Unrecht und Gewalt; sie wenden sich scharf gegen Rechtfertigungen des Krieges durch nationalistische Identitätskonstruktionen; und sie zeigen auf, wie generalisierende Feindbilder zu vermeiden sind.[156]

Der Friedensdienst ist, so die katholischen Bischöfe, »kein betuliches und beschauliches Erlebnis, sondern ›Kampf und Kontemplation‹«.[157] Die *spirituelle* Dimension des Friedens bekräftigen die Bischöfe in ihrem Schreiben ›Gerechter Frieden‹ mit dem berühmten Gebet des heiligen Franz von Assisi:

Herr, mach mich zu einem Werkzeug Deines Friedens,
dass ich liebe, wo man hasst;
dass ich verzeihe, wo man beleidigt;
dass ich verbinde, wo Streit ist;
dass ich die Wahrheit sage, wo Irrtum ist;
dass ich Glauben bringe, wo Zweifel droht;
dass ich Hoffnung wecke, wo Verzweiflung quält;
dass ich Licht entzünde, wo Finsternis regiert;
dass ich Freude bringe, wo der Kummer wohnt.
Herr, lass mich trachten,
nicht, dass ich getröstet werde, sondern dass ich tröste;
nicht, dass ich verstanden werde, sondern dass ich verstehe;
nicht, dass ich geliebt werde, sondern dass ich liebe.
Denn wer sich hingibt, der empfängt;
wer sich selbst vergisst, der findet;
wer verzeiht, dem wird verziehen;
und wer stirbt, der erwacht zum ewigen Leben.

8 Protestantische Stellungnahmen

Die offiziellen Erklärungen zu Krieg und Frieden von Seiten der reformatorischen Kirchen und der römisch-katholischen Kirche klingen in ihren Forderungen nach ›gerechtem Frieden‹ alle recht ähnlich. Der Rat der Evangelischen Kirche in Deutschland (EKD) unter dem Vorsitz des Badischen Landesbischofs Klaus Engelhardt stellte 1994 – nach der Überwindung der Ost-West Konfrontation und den damit verbundenen Veränderungen in Europa – die Erklärung ›Schritte auf dem Weg des Friedens‹ vor. Die Kernpunkte dieses Dokuments, das sich als »situationsgerechte Aktualisierung und Konkretisierung der bewährten friedensethischen Überzeugungen« versteht,[158] lauten:

Krieg als Form zwischenstaatlichen Konfliktaustragens und Mittel zur Durchsetzung partikularer politischer Ziele muß grundsätzlich geächtet werden.

Sicherheit kann nicht allein militärisch definiert werden, sondern muß in erster Linie politisch bestimmt werden. Dabei ist eine rechtlich verfaßte internationale Friedensordnung das vorrangige Ziel. (…)

Bei sorgfältiger Prüfung aller Mittel und Wege, den Frieden zu bewahren, bildet es keinen grundsätzlichen Widerspruch zu einer christlichen Friedensethik, militärische Mittel bereitzustellen und notfalls einzusetzen. Dabei ist zu beachten, daß der Einsatz militärischer Gewalt lediglich eine Notwehr oder eine Nothilfe sein kann, die Ausübung rechtswidriger Gewalt einzudämmen. Er ist nicht hinreichend, um Konflikte zu lösen und Frieden zu schaffen.[159]

Das Problem jeder Friedensethik ist nur: Es fehlt eine internationale Autorität, die dazu in der Lage ist, ihre Resolutionen unparteiisch weltweit durchzusetzen.

Nach dem verheerenden Terroranschlag auf das World Trade Center in New York (am 11. September 2001) mehrten sich in der kirchlichen und gesellschaftlichen Öffentlichkeit die Stimmen, die von der EKD einen neuen grundlegenden Beitrag zur friedensethischen Orientierung erwarteten. So entstand im Oktober 2007 – unter dem Vorsitz des Berliner Bischofs und Ratsvorsitzenden der EKD Wolfgang

Huber und unter maßgeblicher Mitwirkung des Vorsitzenden der Kammer der EKD für Öffentliche Verantwortung Wilfried Härle – die einstimmig verabschiedete Friedensdenkschrift ›Aus Gottes Frieden leben – für gerechten Frieden sorgen‹.

In der evangelischen Denkschrift heißt es unter anderem: Wer den Frieden will, müsse den Frieden vorbereiten. Auch die Herausforderung durch den modernen internationalen Terrorismus rechtfertigt keine Wiederbelebung der antiken Lehre vom »gerechten Krieg«.[160] Waffenpotentiale seien abzubauen, die zivile Konfliktbearbeitung hingegen sei auszubauen. Ausdrücklich warnt die Denkschrift vor einer Ausweitung der Auslandseinsätze der Bundeswehr. Zudem vertritt sie (wie ja auch die entsprechende Erklärung der katholischen Bischöfe) die Auffassung, die Drohung mit dem Einsatz nuklearer Waffen sei heute friedensethisch nicht mehr zu vertreten. Über die friedenspolitischen Folgerungen aus dieser Aussage konnten die Mitglieder der Kammer für Öffentliche Verantwortung freilich keinen vollständigen Konsens erreichen.

Bischof Wolfgang Huber (geb. 1942), der vor seiner Wahl zum Landesbischof Universitätsprofessor für Sozialethik und Systematische Theologie war, ist in der weltweiten Ökumene ebenso engagiert wie im katholisch-evangelischen Dialog. In Übereinstimmung mit den meisten katholischen Kirchenvertretern nahm Wolfgang Huber in Vorträgen und Schriften wiederholt zur Friedensethik unter modernen Bedingungen Stellung. Seine Grundthese: Es gibt keinen »gerechten Krieg«. Die christlichen Kirchen dürfen zu dieser überholten Lehre nicht mehr zurückkehren.[161] Gleichwohl schließt auch Bischof Huber die militärische Waffengewalt »im äußersten Notfall« nicht aus.[162]

Eine im Resultat etwas andere Position vertritt Friedrich Kramer (geb. 1964), der evangelische Landesbischof in Mitteldeutschland und seit 2022 der Friedens-Beauftragte der Evangelischen Kirche in Deutschland. In einem Interview, im April 2022, mit dem katholischen Theologen Klaus Hofmeister sagte Friedrich Kramer: »Wenn der Christ anfängt, über Gewalt nachzudenken, darf er sie nie legitimieren als etwas Normales und Mögliches.« Er fügte hinzu: »Darüber, ob es nicht andere Mittel der zivilen Verteidigung gibt, wird zu wenig nachgedacht.«[163]

Mit Bezug auf den Ukraine-Krieg führte Bischof Kramer weiter aus: In der Ukraine sehen wir, »dass eine lebendige Zivilgesellschaft, die sich nicht einschüchtern lässt, auch Eroberern ohne Waffen trotzen kann. Nichts fürchtet die russische Regierung mehr als eine widerständige Zivilgesellschaft.«[164] Auch wegen des unkalkulierbaren Risikos eines Atomkrieges lehnt Kramer jeden Waffeneinsatz des Westens in der Ukraine ab.

Vom größten Teil des Volkes
wird der Krieg verflucht.

Erasmus von Rotterdam

Kapitel IV
Die Friedensbewegung

Wohl ebenso alt wie der Krieg sind die Bemühungen um Frieden.
Der große Philosoph Immanuel Kant (1724–1804) bedauerte, dass
alle Versuche, Kriege an rechtliche Regeln zu binden, gescheitert sind.
Er forderte ein mit den nötigen Machtmitteln ausgestattetes Völkerrecht, das dauerhaften Frieden garantieren könne. In seinem richtung-
weisenden Alterswerk ›Zum ewigen Frieden‹ (1795) fasste Kant die
Kriegsursachen zusammen, die durch ein universales Völkerrecht beseitigt werden müssten: unter anderem Imperialismus, Aufrüstung und
Geheimpolitik. Stehende Heere müssten aufgelöst werden, weil sie für
andere Staaten eine latente Bedrohung seien.[165]

Der Krieg sei die »Fortsetzung der Politik mit anderen Mitteln«,
schrieb der preußische Generalmajor und Militärwissenschaftler
Carl von Clausewitz in seinem Klassiker ›Vom Kriege‹ (1832).[166]
Das erklärte Ziel der neuzeitlichen Friedensbewegung indessen ist
es, den Krieg als Mittel der Politik weitgehend oder vollständig auszuschließen.[167] In der Moderne entstand eine massive Opposition
gegen Krieg und Kriegsrüstung erstmals seit dem Krimkrieg in den
1850er Jahren.[168] Seit etwa 1900 spricht man von einer internationalen
Friedensbewegung (die zum Teil sozialistisch, zum Teil auch religiös
geprägt ist). Seit den 1960er Jahren hat sich in Europa eine wissenschaftliche Friedensforschung etabliert.[169] Heute im Atomzeitalter
lehnt die Charta der Vereinten Nationen angesichts der modernen
Kriegstechnik den Gebrauch von Gewalt in den internationalen Beziehungen grundsätzlich ab.[170]

Genau diesem Ziel verschreibt sich die heutige, politisch ›linke‹, Friedensbewegung. Sie setzt im Wesentlichen auf Soziale Verteidigung und Zivilen Ungehorsam anstelle von militärischer Konfliktlösung und jede Art von Gewalt.[171]

1 ›Sag mir, wo die Blumen sind‹

Als Begründerin der modernen Friedensbewegung gilt die österreichische Pazifistin Bertha von Suttner (1843–1914).[172] Die ›Deutsche Friedensgesellschaft‹, die mit Persönlichkeiten wie Kurt Tucholsky, Carl von Ossietzky und dem Historiker Ludwig Quidde im Bunde stand,[173] hatte die Generalstochter Baronin von Suttner schon im Jahr 1892 mit begründet. Durch ihre erfolgreichen Schriften und Vortragsreisen (zuletzt in den USA) gewann sie einen nicht unerheblichen gesellschaftspolitischen Einfluss. In ›realpolitischen‹ und chauvinistischen Kreisen freilich wurde sie als »Friedensfurie« und »Judenbertha« beschimpft.[174]

Im August 1924 schuf die Malerin und Bildhauerin Käthe Kollwitz das Plakat »Nie wieder Krieg«, dessen Leitwort von der deutschen Friedensbewegung in den 1970/80er Jahren immer wieder genutzt wurde. Eingängige Slogans wie »Frieden schaffen ohne Waffen« oder »Make love not war« wurden in diesen Jahren rasch populär, sie wurden zum Motto für die »Flower-Power«, die Hippie-Bewegung in vielen Ländern der Welt.

Im Zuge der deutschen Wiederbewaffnung in den 1950er Jahren und des amerikanischen Vietnamkrieges (1955–1975) wurde das antikommunistische – von Joseph Goebbels während des Zweiten Weltkriegs verbreitete – Schlagwort »Lieber tot als rot« in die Parole »Lieber rot als tot« umgewandelt. Vor einem ähnlichen Hintergrund ist das 1968 in New York uraufgeführte Musical ›Hair‹ zu verstehen. Dieses später mehrfach verfilmte Musiktheater, wohl eines der erfolgreichsten Musicals überhaupt, kann als Meilenstein der Pop-Kultur gelten. Im Mittelpunkt der Handlung steht eine Hippie-Gruppe, die sich gegen den Vietnamkrieg und die allgemeine Wehrpflicht vehement auflehnt. Insgesamt ist das Bühnenstück einer radikal pazifistischen Philosophie verpflichtet.

Als augenfälliges Phänomen der Friedensbewegung sind die Ostermärsche in Deutschland seit 1969 anzusehen: pazifistische Demonstrationen und Kundgebungen, die unter anderem gegen den Besitz und die Verbreitung von Atomwaffen protestieren – so wie sie in früheren Jahren gegen den Vietnamkrieg, den Kosovokrieg oder den NATO-Doppelbeschluss von 1979 (zur Rüstungskontrolle bei gleichzeitiger, der Abschreckung dienender Raketenaufstellung) Stellung bezogen.

Ein Großteil der Friedensbewegung lehnt nicht nur Angriffs-, sondern ebenso Verteidigungskriege ab oder steht ihnen sehr skeptisch gegenüber. Vor allem christliche, an der Bergpredigt Jesu orientierte Friedensaktivisten nehmen das biblische Tötungsverbot (Ex 20,13) unbedingt ernst. Das Töten von ›feindlichen‹ Soldaten wie auch die Verherrlichung eines heldenhaften Sterbens fürs eigene Vaterland liegt ihnen völlig fern.

Kaum eine Rolle spielt die Unterscheidung von Angriffs- und Verteidigungskriegen in den weit verbreiteten Antikriegsliedern ab den 1950er Jahren. So wendet sich der Folksong »Where have all the flowers gone« (1955, zu Deutsch: »Sag mir, wo die Blumen sind«) von Pete Seeger ganz allgemein gegen Krieg und Zerstörung. Dieser Song, der zu den berühmtesten Antikriegsliedern der Welt gehört, wurde erstmals von Marlene Dietrich gesungen, wenig später dann von zahlreichen Sänger/innen interpretiert, darunter Hildegard Knef, Nana Mouskouri, Vicky Leandros, Freddy Quinn, Udo Lindenberg und Katja Ebstein.

Nicht weniger beliebt und berühmt ist das Protestlied ›Blowin in the wind‹ (1962) von Bob Dylan. Der Text des – im Jahr 2016 mit dem Literatur-Nobelpreis ausgezeichneten – Autors besteht in der Hauptsache aus rhetorischen Fragen. Etwa:»Wie viele Straßen auf dieser Welt / Sind Straßen voll Tränen und Leid? / Wie viele Meere auf dieser Welt / Sind Meere der Traurigkeit?« Oder die anklagende Frage:»Wie große Berge von Geld gibt man aus, / Für Bomben, Raketen und Tod? / (…) / Wie großes Unheil muß erst noch gescheh'n, / Damit sich die Menschheit besinnt?«

Die wichtigsten Teile der Melodie hat Dylan dem überlieferten Gospelsong ›No More Auction Block‹ entnommen. Noch heute zählt ›Blowin in the wind‹ zu den bekanntesten Hymnen der amerikanischen Bürgerrechts- und Friedensbewegung. Auch in Deutschland wird das Lied gerne gesungen, vorwiegend bei christlichen Jugend- oder Familiengottesdiensten.

Wenn von der Friedensbewegung die Rede ist, darf John Lennon (1940–1980), der britische Musiker und intellektuelle Kopf der Beatles, nicht übergangen werden. John Lennons Song ›Give Peace a Chance‹ (1969), heute eine populäre Hymne bei Friedensprotesten, wurde als Zeichen der Solidarität mit der von Wladimir Putin angegriffenen Ukraine von zahlreichen Radiosendern in Europa am Morgen des 4. März 2022 zeitgleich gespielt.»Gebt dem Frieden eine Chance«, dieses Motto bleibt ja immer aktuell.

Von ebenso zeitloser Gültigkeit ist sicherlich das Antikriegslied ›Die Felder von Verdun‹, getextet und gesungen von den City Preachers, die bis in die 1970er Jahre hinein in wechselnder Besetzung auftraten, unter anderen mit Udo Lindenberg. Die erste Strophe des Songtextes lautet:»Die Felder von Verdun, die tragen keine Ähren, / dort blüht nur roter Mohn. / Die Gräber von Verdun, wem immer sie gehören, / sind längst vergessen schon.« Die zweite Strophe endet mit den Versen:

»Und auf den Feldern von Verdun / war alle Hoffnung hin, / und Krieg und Sieg und Not und Tod / verloren ihren Sinn.«[175] Die letzte Strophe blickt nicht nur zurück auf das Sterben im Ersten Weltkrieg, sie richtet – warnend – den Blick auf die Zukunft: »Wer sagt mir, warum sie gestorben sind, / warum dieses Morden geschah. / Denn wenn man nicht endlich zu fragen beginnt, / dann droht erneut die Gefahr, / und wie die Felder von Verdun / ist dann die ganze Welt, / wenn Du und ich und Jedermann / die Frage jetzt nicht stellt.« Ja, so ist es, die City Preachers haben vollständig Recht: Die Gefahr eines neuen Krieges, eines Dritten Weltkrieges, ist riesengroß. Wenn die Menschheit aus ihrer Vergangenheit nichts lernt, wird sie sich selbst eliminieren.

Doch die meisten Menschen wollen *leben*, nur wenige wollen auf dem Schlachtfeld geopfert werden. Einer allgemeinen Sehnsuchts-haltung entspricht folglich das von Bernd Meinunger verfasste[176] und von der Sängerin Nicole präsentierte Lied »Ein bisschen Frieden«, das 1982, mitten im Kalten Krieg, den Grand Prix erhielt. Die Motive für den Text lieferten der sich im März 1982 abzeichnende Falklandkrieg (zwischen Argentinien und Großbritannien) sowie die Nachrüstungs-debatte um den NATO-Doppelbeschluss. Von der Friedensbewegung wurde das Lied allerdings eher kritisch aufgenommen – weil nur »ein bisschen« Frieden doch zu wenig sei.[177]

3 Der religiöse Pazifismus

Innerhalb der Rock- und Popszene zählt nicht zuletzt der Rock-musiker, Schriftsteller und Maler Udo Lindenberg (geb. 1946) zu den bekanntesten Vertretern der modernen Friedensbewegung. Linden-berg, der dem DDR-Ministerpräsidenten Erich Honecker 1987 bei dessen Besuch in Wuppertal eine E-Gitarre mit dem Spruch »Gitarren statt Knarren« überreichte,[178] ist ein politisch engagierter Künstler. Beim Festival ›Künstler für den Frieden‹ 1983 in Hamburg lernte er die US-amerikanische Popsängerin und Friedensaktivistin Joan Baez kennen, mit der er später gemeinsam auf der Bühne stand, um musikalisch für den Frieden zu kämpfen. Und 1985 in Moskau sang er, im Duett mit der russischen Popmusikerin Alla Pugatschowa, seinen Friedenssong ›Wozu sind Kriege da?‹.

Auch nach dem Ausbruch des Krieges in der Ukraine erklärte Udo Lindenberg – unter völlig veränderten politischen Bedingungen – am 2. März 2022 via Facebook: »Für uns ist Love and Peace die einzig wahre Währung.«[179] Den Einsatz militärischer Mittel zur Konfliktlösung mit Russland lehnt der Sänger demnach ab.

Und wie steht Udo Lindenberg zur Religion? Ähnlich wie der sozial engagierte pazifistische Sänger und Komponist Peter Maffay hat er zu Glaubenssätzen ein eher zwiespältiges Verhältnis. Von den institutionalisierten Kirchen hält er wenig, eine spirituelle Sehnsucht, eine Sehnsucht nach dem ›ganz Anderen‹, Göttlichen, aber ist ihm – wie der mit Lindenberg gut bekannte evangelische Theologe und Publizist Uwe Birnstein erhellt[180] – nicht abzusprechen.

Auch der Komponist, Schauspieler und Autor Konstantin Wecker (geb. 1947), wie Udo Lindenberg einer der bekanntesten deutschen Liedermacher, lebt den Traum von einer gewaltfreien Welt. Seine Kritiker und Spötter halten ihn für einen weltfremden Spinner,[181] der eben gerne mal provoziert. Konstantin Wecker aber steht zu seinen Träumen, wie er sie erneut im Album ›Utopia‹ (2021) besungen hat. Waffengewalt ist für ihn keine Option. »Er ist keiner, der die Starken und Mächtigen mag, sondern die Zarten und Zerbrechlichen bevorzugt.«[182]

Zweifellos ist der Pazifist Konstantin Wecker politisch und zugleich religiös motiviert. Über den Buddhismus – und außerdem angeregt durch den mittelalterlichen Mystiker Meister Eckhart – hat der frühere Atheist zu einer interreligiösen Mystik und hiermit, bei aller Distanz zur kirchlichen Institution, auch zum Christentum gefunden. Dem Mann von Nazareth fühlt sich Konstantin Wecker, wie er ausdrücklich sagte, jedenfalls nahe.[183]

Eindeutig christlich zu nennen ist die – vor dem Hintergrund der argentinischen Militärdiktatur (1976–1983) unter dem brutalen Regime des Generals Jorge Videla entstandene – Friedenshymne des argentinischen Musikers León Gieco (geb. 1951). Sie trägt den Titel ›Solo le pido a dios‹ und besteht aus fünf Strophen. Gesungen und bekannt gemacht wurde das Lied von Mercedes Sosa, einer der weltweit erfolgreichsten Sängerinnen südamerikanischer Folklore.

›Solo le pido a dios‹ tadelt die *Gleichgültigkeit* als eine der größten Feindinnen des Friedens. Die erste Strophe lautet auf Deutsch: »Das Einzige, worum ich Gott bitte, ist, / dass mir der Schmerz nicht gleichgültig sein möge; / dass mein Herz nicht leer und einsam sein möge / und ich gegeben haben werde, was ich geben konnte, / wenn die dürre Hand des Todes nach mir greift.« Im Weiteren geht es in diesem spirituellen Friedenslied um die Ungerechtigkeit, den Krieg, den Verrat in der Welt. Die letzte Strophe schließt mit den Versen: »Das Einzige, worum ich Gott bitte, ist, / dass die Zukunft mir nicht gleichgültig sein möge; dass ich mich nicht verliere / in einer verlorenen Welt.«[184]

Ein klares Ja zum Glauben an Gott und ein entschiedenes Bekenntnis zur Friedensbotschaft Jesu bringt auch Klaus Meine, der Frontmann der international erfolgreichen deutschen Rockband ›Scorpions‹, zum Ausdruck. Klaus Meine wie auch sein Mitautor und Gitarrist Rudolf Schenker sind bekennende Christen. Schenker und Meine – die die pazifistischen Lieder Bob Dylans überaus schätzen – erhoben in ihrer Rockballade ›Send Me an Angel‹ (1990) den Frieden stiftenden christlichen Glauben zum Hauptthema. Der Text enthält einerseits eine *Bitte* an Gott um den Weltfrieden und anderseits einen *Dank* an Gott für die politische Wende in der Sowjetunion gegen Ende der 1980er Jahre.

Schenkers und Meines Friedenshymne ›Wind of change‹ 1990) besingt ›Glasnost‹ und ›Perestroika‹, also die Entspannungspolitik des sowjetischen Präsidenten Michail Gorbatschow. Diese Rockballade weckt neue Hoffnung auf den Frieden in der Welt. Sie ist im Kern, nicht anders als der Scorpions-Song ›Sign of Hope‹ (2020), ein gesungenes Gebet.[185]

Im Jahre 2022 brachten die Scorpions ein neues Album heraus mit dem Titel ›Rock Believer‹. Wiederum rufen die Texte zum Frieden auf, diesmal zum Frieden in der Ukraine. Wobei die Autoren gewiss keine Gegengewalt mit Hilfe von Panzern und Haubitzen im Sinn hatten, vielmehr luden sie ein zum *Gebet* für die Menschen aller Nationen. Gleichzeitig bedauern die Scorpions zutiefst, dass sich ihre Hoffnung auf eine näher rückende Weltfriedensordnung nicht erfüllt hat.

4 In der Nachfolge Jesu

Der Einsatz für den Frieden ist eine genuin christliche Aufgabe. Denn vor zweitausend Jahren hat der Wanderprediger Jesus von Nazareth eine radikale christliche Friedensbewegung ins Leben gerufen.

Viele Christen befolgten den Friedensruf Jesu konsequent – etwa der frühere römische Offizier und spätere Bischof Martin von Tours, der heilige Franz von Assisi, der ehemalige französische Offizier und spätere Ordensgründer Charles de Foucauld, die Karmelitin und Friedenspädagogin Edith Stein, der Arzt, Theologe und Pazifist Albert Schweitzer, der Baptistenprediger und Friedensaktivist Martin Luther King oder auch der Generalsekretär der Vereinten Nationen und Friedensnobelpreisträger Dag Hammarskjöld – um nur wenige Namen aus der Christentumsgeschichte zu nennen.

Im Deutschland des 20. Jahrhunderts war der evangelische Theologe und spätere Kirchenpräsident Martin Niemöller (1892–1984) einer der profiliertesten Akteure der Friedensbewegung. Seine Lebensgeschichte verdient Hochachtung und besondere Aufmerksamkeit. Am Ersten Weltkrieg nahm Niemöller als erfolgreicher und politisch rechts stehender U-Boot-Kommandant der kaiserlichen Marine teil. Während er nach dem Krieg dem aufkommenden Nationalsozialismus noch positiv gegenüberstand, entwickelte er sich in der zweiten Hälfte der 1930er Jahre zum kompromisslosen Widerstandskämpfer gegen das NS-Regime.[186] Von 1937 bis 1945 wurde Niemöller als KZ-Häftling von der Außenwelt isoliert und mit der Hinrichtung bedroht.

Nach dem Ende des Zweiten Weltkriegs unterschrieb Martin Niemöller als Mitautor das ›Stuttgarter Schuldbekenntnis‹ (das eine Mitschuld der Evangelischen Kirche am Erstarken des Nationalsozialismus und am Krieg eingestand). 1947 wurde Pastor Niemöller zum Präsidenten der Evangelischen Kirche in Hessen-Nassau berufen. Von 1961 bis 1967 war er einer der sechs Präsidenten des Ökumenischen Rats der Kirchen mit Sitz in Genf.

Als politisch ›Linker‹ kritisierte Niemöller scharf die Wiederbewaffnungspolitik Konrad Adenauers sowie die zunehmende Aufrüstung der Großmächte. Ab 1954 wandte er sich radikal pazifistischen Positionen zu. Den Militärdienst hielt er – als Präsident der ›Deutschen Friedensgesellschaft‹ – für unvereinbar mit dem christlichen Glauben.

In etwas späterer Zeit avancierte die evangelische Theologin, Feministin, Mystikerin und Dichterin Dorothee Sölle (1929–2003) zu einer Hauptrepräsentantin des christlichen Pazifismus. Sie beteiligte sich kreativ an Protestveranstaltungen und trat oftmals als begeisternde Rednerin bei Ostermärschen auf. In einer Brandrede vor der Deutschen Gesellschaft für Auswärtige Politik im März 1995 äußerte sie sich höchst provozierend zum fünften Gebot des biblischen Dekalogs (Ex 20,13):

Wo und wie beteilige ich mich am Töten? (…) Wo und wie helfe ich als Staatsbürger, als Steuerzahler dabei, eine Politik zu unterstützen, die auf Gewalt aus ist und das Tötungsverbot mißachtet? (…) In unserm Land wird die Gewalt – wirtschaftlich, rüstungspolitisch, ökologisch – immer hoffähiger, als letztes Mittel immer anerkannter. (…) Nach den großen Jahren der Friedensbewegung haben wir uns seit der Wende immer mehr an die letzte Notwendigkeit von Gewalt gewöhnt. (…) Die Gewalt wohnt mitten in unserm Land, fett und behaglich. Das Mindeste, was wir als Christen (…) tun können, ist zu erkennen, wo Gewalt wächst, wer sie akzeptabel macht und wer von ihr profitiert. Einübung in die Gewaltlosigkeit, dazu gehören erkennen, benennen, protestieren, anders leben und in die Schule von Jesus, von Gandhi und Martin Luther King gehen, um endlich (…) auch gewaltfrei zu werden in unserem zivilen Handeln.[187]

5 Zur Spiritualität des Friedens

Einer der bedeutendsten und mutigsten Vordenker der *katholischen* Friedensbewegung des 20. Jahrhunderts war der Dominikanerpater Franziskus M. Stratmann (1883–1971). Als Widerstandskämpfer gegen den Nationalsozialismus protestierte er in den 1930er Jahren offen gegen die Judenverfolgung. Und als radikaler Pazifist kam er später – angesichts der modernen Kriegsrealität – zu dem Schluss, dass *kein Krieg* mehr theologisch zu rechtfertigen sei.[188]

Nach wie vor zu den prominentesten und wortgewaltigsten christlichen Pazifisten zählt der Theologe und Psychotherapeut Eugen Drewermann (geb. 1940). In seinem Buch ›Der Krieg und das Christentum‹ (1982) mit dem Untertitel ›Von der Ohnmacht und Notwendigkeit des Religiösen‹ vertritt er – ausgehend von der Bergpredigt Jesu und einer tiefenpsychologischen Analyse des Phänomens *Angst* – einen grundsätzlich pazifistischen Standpunkt.

Allerdings glaubt Drewermann nicht, dass Kriege allein durch Proteste, durch Demonstrationen, moralische Entrüstung und ethische Verurteilungen abgeschafft und verhindert werden könnten. Denn Kriege entspringen nach Drewermann einer kollektiven pathologischen Angst, die nur durch ein gründliches Studium der menschlichen Psyche – und letztendlich durch eine radikale spirituelle Umkehr des Menschen – zu überwinden ist:

> Psychologisch betrachtet ist der Krieg (…) gerade in seiner hochtechnisierten und ausgeklügelten Form ein Symptom für die Pathologie der menschlichen Vernunft, und seine immanente Rationalität erweist sich durch und durch als das Denken eines Wahnsinnigen, eine Logik der puren Angst bzw. als das Verhalten, das objektiv gerade diejenigen Bedrohungen schafft, vor denen man subjektiv aus Angst stets auf der Flucht war.[189]

Die Logik der Waffen zeugt nur immer wieder neue Kriege. Zur spirituellen, zur *religiösen* Voraussetzung der Gewaltlosigkeit und der Friedfertigkeit bemerkt der homo religiosus, der Mystiker Eugen Drewermann:

Man muß kraft des Religiösen im Vertrauen auf Gott der Angst enthoben sein, um friedfertig sein und handeln zu können; man muß ein innerlicher, geistiger, ein »seelenvoller« Mensch geworden sein (…) und man muß der unveräußerlichen Bedeutung und Größe des eigenen Daseins von Gott her sicher genug sein, um auf die Staffagen der Scheingröße von Macht, Besitz und Erfolg verzichten zu können.

(…) Nur ein wirklich religiöser Mensch kann zum Frieden fähig sein, und die Einsichten und Wirkungen von allem wahrhaft Religiösen sind allerorts die gleichen.[190]

Das »wahrhaft Religiöse« engt Drewermann freilich nicht auf das Christliche ein, überhaupt nicht auf bestimmte institutionalisierte Religionen. Er meint ganz allgemein eine menschliche Grundhaltung, die nicht auf die eigene Kraft setzt, sondern zuvorderst auf jene absolute, transzendente, das Irdische überschreitende Macht der *Liebe*, die wir ›Gott‹ nennen.

Im Kern nicht anders denkt und empfindet die evangelische Theologin und ehemalige Bischöfin Margot Käßmann (die der Friedenskämpferin Dorothee Sölle persönlich und politisch sehr nahesteht). Frau Käßmann brachte 2015, gemeinsam mit Konstantin Wecker, das Buch ›Entrüstet euch!‹ heraus.[191] In diesem Friedensappell argumentiert die Autorin zwar als entschiedene Christin, zugleich aber auch als überkonfessionelle Mystikerin.

Bis heute hat Margot Käßmann, ebenso wie Konstantin Wecker, die pazifistische Grundeinstellung nicht geändert. Denn der Krieg soll »nach Gottes Willen« nicht sein: »Wir brauchen Träumerinnen und Träumer! Ich glaube, wir brauchen Visionäre. Martin Luther King war der Held meiner Jugend. (…) Als viele andere längst gesagt haben: Wir müssen das mit Gewalt lösen, hat er bei der Beerdigung von drei Schulmädchen eine wunderbare Rede gehalten und betont: Wir verraten unsere eigenen Ideale, wenn wir anfangen, mit der Waffe zu kämpfen.«[192]

Man macht es sich – so Käßmann in zahlreichen Reden und Schriften – zu leicht, wenn man den Pazifismus als naiv hinstellt. »Es heißt ja oft: ›Realpolitik heißt: Waffen liefern, aufrüsten, klare Kante zeigen.‹ All der Kriegslogik zum Trotz halte ich aber daran fest, dass mehr Waffen keinen Frieden schaffen. ›Selig sind, die Frieden stiften‹, sagte Jesus. Frieden wächst nur mit friedlichen Mitteln. Daran halte ich fest, auch wenn ich dafür lächerlich gemacht werde.«[193]

6 Ökumenische Gemeinsamkeiten

Margot Käßmann ist eine evangelische und zugleich eine ökumenische Christin. Die internationale Friedensbewegung bindet sich, wie gesagt, nicht an eine bestimmte, in welcher Form auch immer organisierte Religion. In ihrer Bedeutung gleichwohl nicht zu unterschätzen sind Teile der Friedensbewegung, die innerhalb der katholischen Kirche initiiert wurden – in Deutschland der ›Friedensbund Deutscher Katholiken‹, eine pazifistische Vereinigung in der Weimarer Republik. Dieser Friedensbund wurde 1919 von Max Josef Metzger in München gegründet und bestand bis zum 1. Juli 1933.

Der ›Friedensbund Deutscher Katholiken‹ wollte am Aufbau einer internationalen Friedensordnung mitwirken, die kriegerische Auseinandersetzungen ausschließen sollte. Der Gründer Max Josef Metzger war ein sozial engagierter und ökumenisch ausgerichteter katholischer Priester, der sich aufgrund seiner Erlebnisse als Divisionspfarrer im Ersten Weltkrieg zum Pazifisten mit internationaler Strahlkraft entwickelte. Er wurde vom Volksgerichtshof unter dem Vorsitz Roland Freislers wegen seiner pazifistisch-»defätistischen« Haltung und seines öffentlichen Widerspruchs gegen Hitler zum Tode verurteilt und am 14. April 1944 im Zuchthaus Brandenburg-Görden hingerichtet.

Bis zum heutigen Tag sehr aktiv zeigt sich die internationale katholische Friedensbewegung ›Pax Christi‹ mit Sitz in Paris. Sie ist nach dem Ende des Zweiten Weltkriegs in Frankreich entstanden und mittlerweile ökumenisch geöffnet für alle christlichen Konfessionen. ›Pax Christi‹ positionierte sich eindeutig auf Seiten der politischen Friedensbewegung. Ihre Kernaufgabe sieht die Bewegung im kirchlichen Beitrag zur künftigen Verbannung des Krieges aus der Politik.

Die deutsche Sektion von ›Pax Christi‹ übernahm 1948 die Nachfolge des in der NS-Zeit verbotenen ›Friedensbunds Deutscher Katholiken‹ und engagiert sich heute hauptsächlich für die Asyl- und Flüchtlingsarbeit, den zivilen Friedensdienst und gegen Rüstungsexporte.

Die Unterstützung von ›Pax Christi‹ durch die deutsche katholische Bischofskonferenz (die in mancher Hinsicht gespalten ist) hält sich freilich in Grenzen. Wenn man nun nachfragt, ob es im aktuellen Diskurs zwischen den christlichen Kirchen prinzipiell gegensätzliche Auffassungen zu Krieg und Frieden, zur Bejahung oder Verneinung von Gewalt als ultima ratio, gibt, so muss diese Frage – jedenfalls im Blick auf die katholische und die evangelische Kirche – verneint werden.[194] Denn *innerhalb* der jeweiligen Konfessionen werden sehr unterschiedliche Antworten gegeben, in beiden Kirchen finden wir sowohl radikal pazifistische Positionen wie auch ein bedingtes Ja zur Waffengewalt im Verteidigungskrieg.[195] Der kontroverse Diskussionsstand ist demnach bei katholischen und evangelischen Christen derselbe.

Ein konsequenter Verfechter des unbedingten Pazifismus ist zweifellos Jorge Bergoglio, der argentinische Papst, der sich den Namen des Franz von Assisi gegeben hat. Auch *nach* dem Ausbruch des brutalen Angriffskriegs, den Putin in der Ukraine führt, verhält sich Papst Franziskus äußerst zurückhaltend, wenn es um den *bewaffneten* Widerstand der Ukraine und um die *militärische* Unterstützung der Ukraine durch den Westen geht.

Die Ausgangslage in der Ukraine ist extrem kompliziert. Auf die Frage, in welchen Situationen Christen physische Gewalt befürworten dürften, antwortete Bischof Friedrich Kramer, der Friedensbeauftragte der evangelischen Kirche in Deutschland, in einem Interview (2022): »Im Grundsatz gar nicht. Es gibt einen ganz klaren Auftrag Jesu zur Gewaltlosigkeit. Diese Gewaltlosigkeit kann sich brechen an der Frage des Schutzes des Nächsten. Und da kann überlegt werden, in welcher Weise (…) Androhung oder Einsatz von Gewalt denkbar ist. Es ist aber klar, dass dann auch Schuld übernommen wird. Der christliche Pazifismus folgt letztlich den Seligpreisungen Jesu, der sagt: Selig sind die Friedensstifter.«[196]

Das Grauen gebiert neues Grauen
in einem nie endenden Kreislauf.
Isabel Allende

Kapitel V
Poetisches zu Krieg und Gewalt

Selbstverständlich sind Krieg und Gewalt im Namen Gottes oder im Namen der Staatsräson (oder im Namen Gottes und der staatlichen Obrigkeit zugleich) ein herausragendes Thema auch in der belletristischen und lyrischen Literatur aller Zeiten – und erst recht in der filmischen Kunst mit ihren spezifischen Darstellungsmitteln. Ja, seit dem Ende des Zweiten Weltkriegs haben Antikriegsfilme geradezu Hochkonjunktur.

An erster Stelle ist, aus deutscher Sicht, wohl der Film ›Die Brücke‹ (1959) von Bernhard Wicki zu nennen.[197] Der mit vielen Preisen, unter anderem mit dem Golden Globe Award ausgezeichnete Film spielt in den letzten Kriegstagen Ende April 1945. Er zeigt in tief berührenden, dramaturgisch sehr eindringlichen Bildern den sinnlosen Tod von sechs Jugendlichen, die – irregeleitet von der NS-Ideologie – eine Brücke gegen die vorrückenden US-Panzer verteidigen wollen.

Auch der Film ›Das Wunder von Bern‹ (2003), unter der Regie von Sönke Wortmann, kann als wichtiger Antikriegs- und Antinazifilm betrachtet werden. Vordergründig wird zwar vom unerwarteten deutschen Sieg bei der Fußballweltmeisterschaft 1954 in Bern erzählt. Im Hintergrund aber geht es in diesem, mit dem Deutschen Filmpreis dekorierten, Film um das Schicksal von Kriegsheimkehrern, die in der Nachkriegszeit in schwere Konflikte mit ihren Kindern und Ehefrauen geraten.

Die Hollywood-Filme ›The Deer Hunter‹ (1978, der deutsche Titel ›Die durch die Hölle gehen‹) und ›Platoon‹ (1986) werfen – wie auch das Musical ›Hair‹ (1968) – ein grelles Licht auf die Gräuel des Vietnamkriegs (1955–1975). Beide Filme bespiegeln und durchleuchten das amerikanische Vietnamtrauma. Im Wesentlichen geht es um die Grausamkeiten des Dschungelkrieges, um körperliche Qualen, aber auch um die psychischen Auswirkungen des Krieges auf die Infanterie-Soldaten.

Als apokalyptische Vision ist der US-amerikanische Fernsehfilm ›The Day After – Der Tag danach‹ (1983) anzusehen. Eine sowjetische Atombombe verwandelt die Innenstadt von Kansas-City und das Umland in eine unbewohnbare Wüste. Die verheerenden Folgen eines Atomkriegs mit Interkontinentalraketen werden dem Publikum vor Augen gestellt in vielen Details, in verstörenden Bildern. Die unausdenkbare Botschaft des Films: Ein Nuklearkrieg würde ganz Amerika und ganz Europa vollständig vernichten.

›Gerecht‹ waren Kriege noch nie. Und künftig werden sie vermutlich alle bisher bekannten Ausmaße in den Schatten stellen. Zumindest aus christlicher Sicht können Kriege in keinem Fall eine ›gerechte‹ Lösung bei Konflikten sein. Der folgende Abschnitt kommentiert markante *literarische* Texte über militärische Gewalt und über Kriegsverbrechen – beginnend mit Dantes ›Göttlicher Komödie‹ bis hin zur Neuzeit und signifikanten Beispielen aus der europäischen und außereuropäischen Gegenwartsliteratur. Konträre Einstellungen zum Krieg, vorzugsweise aber das klare (religiös oder nichtreligiös motivierte) *Nein* zur Gewalt, möchte ich anhand von Erzählwerken, Theaterstücken und lyrischen Gedichten aufzeigen.

Die Kriegs- wie auch die Antikriegsliteratur von der Antike bis zur Gegenwart ist äußerst facettenreich und kontrovers. Allzu oft wurden mächtige Kriegsherren poetisch überhöht und glorifiziert. Eher selten wurden sie von Literaten kritisiert oder als Verbrecher wahrgenommen. Immerhin, in Dantes ›Divina Commedia‹ (1307–21), einem der größten und wirkmächtigsten Werke der Weltliteratur, schwimmen im siebten Kreis der Hölle die Gewalttäter – die Mörder, die Kriegstreiber, die Plünderer, die Tyrannen – bis in alle Ewigkeit in einem Strom von kochendem Blut.[198]

Manchmal hat Literatur, besonders die religiöse Literatur, neben Klage und Anklage zuvorderst die Funktion des Trostes – für die Leserschaft wie auch den Autor selbst. Martin Opitz etwa, der Begründer der Schlesischen Dichterschule, schrieb ›Trostgedichte in Widerwertigkeit deß Krieges‹ (1621/33). Auch der in der Fachliteratur besonders hoch geschätzte schlesische Dichter, Dramatiker und Lyriker Andreas Gryphius (1616–1664) war tief verwurzelt im christlichen Glauben, stellte aber zugleich »das Leiden, die Gebrechlichkeit des Lebens und der Welt« ins Zentrum seiner Poesie.[199]

Gryphius' inmitten des Dreißigjährigen Krieges entstandenes Sonett ›Tränen des Vaterlandes‹ (1636), das zu den bekanntesten Gedichten der Barockzeit gehört, beginnt mit den Versen:[200]

> Wir sind doch nunmehr gantz / ja mehr denn gantz verheeret!
> Der frechen Völcker Schaar / die rasende Posaun
> Das vom Blutt fette Schwerdt / die donnernde Carthaun /
> Hat aller Schweiß / und Fleiß / und Vorrath aufgezehrt.

Im Mittelteil des Gedichts ist von abgebrannten Rathäusern und Kirchtürmen die Rede, von geschändeten Jungfrauen, von Feuer, Pest und Tod, von durch die Straßen rinnendem Blut, von grauenhaften Flüssen und Strömen, die überfüllt und versperrt sind mit Leichen. Das Sonett schließt mit den Versen:

Doch schweig ich noch von dem / was ärger als der Tod /
Was grimmer denn die Pest / und Gluth und Hungersnoth
Das auch der Seelen Schatz / so vielen abgezwungen.

Gryphius' Verse sind durchsetzt mit apokalyptischen Zeichen aus der Offenbarung des Johannes. Der Autor entwirft in seinem Gedicht ein Bild, das man »grandios nennen müßte, wäre es nicht so furchtbar, von Dantescher Imagination: daß sogar die Flüsse von Leichen verstopft sind und deshalb nur noch langsam fließen«.[201] Darüber hinaus ist der eschatologische Schlussvers des Gedichts zu beachten: Schlimmer noch als die körperlichen Schmerzen sind die vom Krieg angerichteten Schäden an der menschlichen *Seele*.

Auf der anderen Seite verherrlichten – in allen Literaturepochen – nicht wenige Poeten den Krieg. Bellizistische Reime verfasste zum Beispiel der seinerzeit hoch angesehene patriotische Dichter und Literaturmäzen Johann Wilhelm Ludwig Gleim (1719–1803). Wie seine anderen Schlachtgesänge auf Friedrichs Glanz und Preußens Gloria stellt Gleims neunstrophiges Gedicht ›Bei der Eröffnung des Feldzuges 1756‹ eine unverhohlene, hemmungslose Kriegspropaganda dar. Konkreter Bezug ist der Siegeswille Friedrichs des Großen im Siebenjährigen Krieg (1756–1763). Ich zitiere die 1., 3., 5. und 6. Strophe:

»Krieg ist mein Lied! Weil alle Welt / Krieg will, so sei es Krieg! / Berlin sei Sparta! Preußens Held / Gekrönt mit Ruhm und Sieg! // Auch stimm' ich hohen Schlachtgesang / Mit seinen Helden an, / Bei Pauken- und Trompetenklang, / Im Lärm von Roß und Mann; // Ein Held fall ich; noch sterbend droht / Mein Säbel in der Hand! / Unsterblich macht der Helden Tod, / Der Tod fürs Vaterland! // Auch kömmt man aus der Welt davon / Geschwinder wie der Blitz; / und wer ihn stirbt, bekömmt zum Lohn / Im Himmel hohen Sitz!«[202]

Bezeichnenderweise wird der Krieg in diesen Versen keineswegs als gottloses Übel, vielmehr als gottgewolltes Heilsgeschehen betrachtet. Wer mit der Waffe in der Hand den Heldentod stirbt, kommt sofort in den Himmel!

2 ›Kriegslied‹

Im denkbar schärfsten Gegensatz zu Johann Gleim erhob der Dichter
und Lyriker Matthias Claudius, anlässlich des Bayerischen Erbfolge-
kriegs (1778/79), seine Stimme gegen den Krieg – gegen den Krieg im
Allgemeinen. Sein 1778 entstandenes ›Kriegslied‹, das in Wirklichkeit
ein Antikriegslied ist, lautet:

> ˋs ist Krieg! ˋs ist Krieg! O Gottes Engel wehre,
> Und rede Du darein!
> ˋs ist leider Krieg – und ich begehre,
> Nicht schuld daran zu sein!

> Was sollt ich machen, wenn im Schlaf mit Grämen
> Und blutig, bleich und blaß,
> Die Geister der Erschlagnen zu mir kämen,
> Und vor mir weinten, was?

> Wenn wackre Männer, die sich Ehre suchten,
> Verstümmelt und halb tot
> Im Staub sich vor mir wälzten und mir fluchten
> In ihrer Todesnot.

> Wenn tausend, tausend Väter, Mütter, Bräute,
> So glücklich vor dem Krieg,
> Nun alle elend, alle arme Leute,
> Wehklagten über mich?

> Wenn Hunger, böse Seuch und ihre Nöten
> Freund, Freund und Feind ins Grab
> Versammelten, und mir zu Ehren krähten
> Von einer Leich herab.

> Was hülf mir Kron und Land und Gold und Ehre?
> Die könnten mich nicht freun!
> ˋs ist leider Krieg – und ich begehre,
> Nicht schuld daran zu sein!

Diese Verse wurden gelegentlich falsch interpretiert: als ob der Autor letztlich *Gott* für den Krieg und dessen Beendigung verantwortlich mache. Nein, der katholische Pastoraltheologe und Literaturkenner Erich Garhammer stellt klar: Der Dichter delegiert nicht die Verantwortung für den Krieg an einen Engel Gottes (»Und rede Du darein!«), vielmehr geht es ihm, neben dem religiösen Zeugnis, »um die Verantwortung des Einzelnen, sich nicht *mitschuldig am Krieg* zu machen. Dazu würde auch ein Schweigen gehören.«[203]

Insgesamt ist Claudius' ›Kriegslied‹ eine harsche Anklage gegen die Befürworter des Krieges. Und in der letzten Strophe kritisiert der Dichter sehr klar die absolutistische Kriegsverherrlichung seiner Epoche. Anders als für Johann Wilhelm Gleim war der Krieg in Claudius' Augen eine Geißel, ein lästerliches, gottloses Verbrechen an der Menschheit.

Der österreichische Lyriker und Dramatiker Karl Kraus (1874–1936) bezeichnete das Wort »leider« in Claudius' Gedicht als den »tiefsten Komparativ von Leid«.[204] Ja, das von Kriegstreibern verursachte Leid schändet zutiefst die Würde des Menschen, dieses Leid schreit zum Himmel![205]

3 ›Der gute Kamerad‹

Der evangelische Christ und Kriegsgegner Matthias Claudius war ein Vertreter der Literaturepoche der ›Empfindsamkeit‹ (ca. 1740–1790). Was nun die literarische Klassik betrifft, verdanken wir dem Dramatiker und großen Freiheitsdichter Friedrich Schiller (1759–1805), der von Beruf Militärarzt war, sehr kritische Aussagen über den Krieg. Sie finden sich vorwiegend in Schillers theoretischen Schriften sowie in den Bühnenwerken ›Wallenstein‹, ›Wilhelm Tell‹ und ›Die Jungfrau von Orleans‹. Meine Darstellung begrenze ich auf eine Auswahl von nur wenigen Zitaten.

In der Tragödie ›Die Jungfrau von Orleans‹ (1801) nennt der Ritter Raoul die nüchterne Realität des Krieges beim richtigen Namen: »Ein Schlachten war's, nicht eine Schlacht zu nennen.«[206] Im Drama ›Wallensteins Lager‹ (1798) jammert der ›Zweite Jäger‹: »Der Krieg hat kein Erbarmen.«[207] Im Schauspiel ›Wilhelm Tell‹ (1804) klagt Werner Stauffacher, der Landammann von Schwyz: »Es schont der Krieg auch nicht das zarte Kindlein in der Wiege.«[208] Und im selben Drama bekräftigt Stauffacher, der sich als Beschützer der Bedrängten und Wohltäter der Armen erweist: »Ein furchtbar wütend Schrecknis ist / Der Krieg, die Herde schlägt er und den Hirten.«[209]

Auf seine besondere Art setzte der schwäbische Dichter, Jurist und Politiker Ludwig Uhland den Kriegsopfern ein literarisches Denkmal: in seinem berühmten Gedicht ›Der gute Kamerad‹ (1809). Der Text bezieht sich auf die Napoleonischen Kriege; er entstand unter dem Eindruck des Kampfes badischer Truppen unter französischem Befehl gegen aufständische Tiroler. Zu beiden Parteien hatte Ludwig Uhland Beziehungen.

Das Lied ›Der gute Kamerad‹ wurde von ganz unterschiedlichen politischen Richtungen vereinnahmt.[210] Nicht zuletzt wurde es von der politischen Rechten zu ihren Zwecken instrumentalisiert – als Beschönigung des kriegerischen Heldentods.[211] Eine derartige Deutung des Textes ist jedoch unhaltbar.

Die erste Strophe dieses schönen, von Friedrich Silcher vertonten Liedes lautet: »Ich hatt' einen Kameraden, / Einen bessern findst du nit / Die Trommel schlug zum Streite, / Er ging an meiner Seite / In gleichem Schritt und Tritt.« In der zweiten Strophe haben der Tod und die Trauer das letzte Wort: »Eine Kugel kam geflogen, / Gilt's mir oder gilt es dir? / Ihn hat es weggerissen, / Er liegt vor meinen Füßen, / Als wär' s ein Stück von mir.« Die dritte Strophe indessen verweist auf ein jenseitiges Leben, auf die Ewigkeit Gottes: »Will mir die Hand noch reichen, / Derweil ich eben lad. / Kann dir die Hand nicht geben, / Bleib du im ew'gen Leben / Mein guter Kamerad.«[212]

›Der gute Kamerad‹ intendiert gewiss keine Verherrlichung oder Verharmlosung des Krieges. Noch heute ist dieses Lied im Trauerzeremoniell der deutschen Bundeswehr und des österreichischen Bundesheeres – meines Erachtens durchaus stimmig und angemessen – ein wichtiger Bestandteil des Begräbnisses mit militärischen Ehren. Am Volkstrauertag im November wird das Lied vor Kriegsdenkmälern gerne gesungen. Auch bei ganz ›normalen‹ Beerdigungen von Mitgliedern des Krieger- und Veteranenvereins (oder einer Schützenbruderschaft) habe ich als Pfarrer den ›Guten Kameraden‹, meist intoniert von einem Trompeter oder Hornisten, schon mindestens hundert Mal mit Andacht und innerer Anteilnahme gehört.

4 ›Die Trompete von Gravelotte‹

Eher zwiespältige Gefühle im Blick auf den Krieg ruft der Dichter Heinrich Heine (der als einer der letzten Vertreter der Romantik und zugleich als Überwinder dieser Literaturepoche angesehen wird) in seinem – unterschiedlich und kontrovers interpretierbaren – Gedicht ›Die Grenadiere‹ (1820) hervor. Dieses von Robert Schumann vertonte Gedicht bezieht sich auf die schicksalhafte Niederlage Napoleons im Russland-Feldzug, bei der Schlacht an der Beresina Ende November 1812. Mehr als 240.000 Soldaten der Grande Armée sind damals gefallen, ihre Leichen wurden verbrannt oder in Massengräbern beigesetzt.

So lauten die beiden ersten Strophen des Heinrich-Heine-Liedes: »Nach Frankreich zogen zwei Grenadier’, / Die waren in Rußland gefangen. / Und als sie kamen in’s deutsche Quartier, / Sie ließen die Köpfe hangen. // Da hörten sie beide die traurige Mähr: / Daß Frankreich verloren gegangen, / Besiegt und zerschlagen das tapfere Heer, – / Und der Kaiser, der Kaiser gefangen.« Der eine Soldat will zurückkehren nach Hause zu seiner Familie; der andere möchte, im Gedenken an Napoleon und mit dem »Ehrenkreuz am rothen Band«

an der Brust, viel lieber den Heldentod sterben. Denn:»Was scheert mich Weib, was scheert mich Kind, / Ich trage weit bess'res Verlangen; / Laß sie betteln gehen, wenn sie hungrig sind, – / Mein Kaiser, mein Kaiser gefangen!«[213]

Das Gedicht ›Die Grenadiere‹ könnte vorschnell als Apotheose Napoleons verstanden werden, als Überhöhung und Verklärung des Kaisers und Kriegsherrn. Man sollte aber die kritischen Untertöne nicht übersehen. Der zweite, der heldische, Soldat stellt sich in seiner Nibelungentreue vor:»Dann reitet mein Kaiser wohl über mein Grab, / Viel Schwerter klirren und blitzen; / Dann steig' ich gewaffnet hervor aus dem Grab', – / Den Kaiser, den Kaiser zu schützen.«

Ich frage mich: Könnten diese Verse nicht auch ironisch gemeint sein? Heinrich Heine ist ja als Spötter bekannt. Wie auch immer, Heines Gedicht scheint mir ambivalent. Es zeigt Respekt vor soldatischer Treue und Tapferkeit, lässt aber zugleich die dämonische, tödliche, buchstäblich ›verheerende‹ Faszination erkennen, die von Napoleon ausging.

Aus meiner Sicht eindeutig negativ zu beurteilen ist das – von dem deutschnational gesinnten Dichter Max Schneckenburger verfasste – patriotische Lied ›Die Wacht am Rhein‹ (1840). Im Deutschen Kaiserreich, ab 1871, hatte es, neben ›Heil dir im Siegerkranz‹, die Funktion einer inoffiziellen Nationalhymne.[214] Die erste Strophe klingt noch relativ gemäßigt:»Es braust ein Ruf wie Donnerhall, / Wie Schwertgeklirr und Wogenprall: / Zum Rhein, zum Rhein, zum deutschen Rhein! / Wer will des Stromes Hüter sein?«

Die folgenden Strophen aber wirken zunehmend geschmacklos und dümmlich. So heißt es in der 4. und 5. Strophe:»Und ob mein Herz im Tode bricht, / Wirst du doch drum ein Welscher nicht; / Reich wie an Wasser deine Flut / Ist Deutschland ja an Heldenbluth. // So lang ein Tropfen Blut noch glüht, / Noch eine Faust den Degen zieht, / Und noch ein Arm die Büchse spannt, / Betritt kein Feind hier deinen Strand.«

Solche Texte sind nicht nur kitschig, sie sind auch gefährlich. Als mutiger *Antikriegs*-Gesang zu bewerten ist hingegen das Gedicht

›Die Trompete von Gravelotte‹ (1870) aus der Feder des Lyrikers Ferdinand Freiligrath (1810–1876). Politisch ohnehin links stehend, übte Freiligrath nach dem Deutsch-Französischen Krieg 1870/71 zunehmend Gesellschaftskritik, nicht zuletzt in seinem Text ›Die Trompete von Gravelotte‹.[215] Dieses Spätwerksgedicht, das sich auf die blutige Schlacht bei Mars-la-Tour (am 16. August 1870) bezieht, beginnt wie ein Heldenepos: »Sie haben Tod und Verderben gespiehn; / Wir haben es nicht gelitten. / Zwei Colonnen Fußvolk, zwei Batterie'n, / Wir haben sie niedergeritten.«

Das vermeintliche Hurrah-Gedicht wandelt sich aber schon in der dritten Strophe zum bitteren Klage- und Trauerlied: »Doch ein Blutritt war es, ein Todesritt; / Wohl wichen sie unsern Hieben, / Doch von zwei Regimentern, was ritt und was stritt, / Unser zweiter Mann ist geblieben. // Die Brust durchschossen, die Stirn zerklafft / so lagen sie bleich auf dem Rasen, / in der Kraft, in der Jugend dahingerafft, / nun, Trompeter, zum Sammeln geblasen!«

Doch auch die Trompete wird durchlöchert von einer Kugel. Das Lied endet elegisch, versunken im Weltschmerz – angesichts der Geschundenen, der Gefallenen, der Toten: »Und wir dachten der Todten, der Todten«.[216]

5 Tolstois ›Rede gegen den Krieg‹

Als einer der entschiedensten und konsequentesten Kriegsgegner ist der russische Dichter und Großgrundbesitzer Leo Tolstoi (1828–1910) anzusehen. Er gehörte dem russischen Hochadel an und erbte von seinem Vater den Grafentitel. Tolstois weltberühmter, mehrfach verfilmter historischer Roman ›Krieg und Frieden‹ (1868/69) schildert die Feudalgesellschaft im Zarenreich sowie persönliche Schicksale und ergreifende Liebesgeschichten im Verlauf der Napoleonischen Kriege in Russland. Aufgrund der artifiziellen Verknüpfung des gesellschaftlichen und familiären Erzählstrangs mit den Kriegshandlungen zählt

dieser umfangreiche Antikriegsroman zu den wichtigsten und meist-
beachteten Werken der Weltliteratur. Der österreichische Schriftsteller, Essayist und Pazifist Stefan Zweig
hat Tolstois Leben und Werk in einer genialen Monographie ge-
würdigt.[217] Die eminente Bedeutung des komplexen, im realistischen
Stil geschriebenen Romans ›Krieg und Frieden‹ sah Zweig auch darin,
dass sich »die Sinnlosigkeit« des Krieges »in jeder Einzelheit« des Geschehens spiegelt.[218]

Als junger Fähnrich in einer Artilleriebrigade nahm Leo Graf Tolstoi
begeistert an den Kaukasuskriegen teil und später, als Offizier, auch
am Krimkrieg (1853–1856), der als erster moderner, industriell-
technisierter Krieg gilt. In seinen 1855/56 publizierten Sewastopoler
Erzählungen, drei stilistisch brillant gestalteten Berichten über den
Stellungskrieg in der belagerten Festung Sewastopol, wendet sich der
Ich-Erzähler direkt an den Leser und spricht ihn an: »Erschreckende,
die Seele erschütternde Bilder werden Sie hier zu Gesicht bekommen,
den Krieg nicht in seiner wohlgeordneten, schönen und glänzenden
Form, mit Musik und Trommelwirbel, mit wehenden Bannern und
stolz zu Pferde sitzenden Generälen sehen, sondern in seiner wirk-
lichen Gestalt – in Blut, Qualen und Tod …«[219]

Leo Tolstoi zeigt sich in dieser Trilogie als großer epischer Dichter,
aber auch als profunder Kenner des Militärwesens und zugleich als
schonungsloser Berichterstatter über die grauenvolle Wahrheit des
Krieges.[220] Er entlarvt die Klischeevorstellung vom heroischen Krieg
»mit einem in der russischen Literatur neuartigen drastischen Realis-
mus«.[221]

Tolstoi beschreibt zum Beispiel makabre Details einer Amputation
im Kriegslazarett: »Sie werden sehen, wie das scharfe gebogene Messer
in den gesunden weißen Körper eindringt; sehen, wie der Verwundete
mit einem furchtbaren, herzzerreißenden Schrei und unter Verwünschungen plötzlich wieder zu sich kommt; sehen, wie der Feld-
scher die abgetrennte Hand in eine Ecke wirft; sehen, wie ein anderer
Verwundeter (…) sich krümmt und stöhnt (…).«[222]

Manche Soldaten verdrängen ihr Unglück; sie bagatellisieren ihre folgenschwere Kriegsversehrtheit in einer besonderen Art von Galgenhumor und Überlebensstrategie. Einen Beinamputierten lässt Tolstoi einem Offizier gegenüber beschwichtigend sagen:»Das Allerwichtigste, Euer Wohlgeboren, ist: *man darf nicht viel denken*; wenn man nicht denkt, ist alles nur halb so schlimm.«[223]

Seine zunehmend schroffe Ablehnung des Krieges verband Leo Tolstoi mit massiver Gesellschaftskritik, die *alle* Lebensbereiche und auch das Tierwohl mit einbezog:»Die Armut der Leute und die Leiden der Tiere sind furchtbar«, notierte er 1857 in seinem Tagebuch.[224]

In den 1880er Jahren wandte sich Tolstoi intensiv sozialkritischen und religiösen Fragen zu.[225] Er übertrug die vier Evangelien ins Russische und setzte die einfache Botschaft Jesu den ritualisierten Formen der Religion in der russisch-orthodoxen Kirche entgegen. Aus weltanschaulichen Gründen ernährte sich der Dichter jetzt nur noch vegetarisch, er lebte wie ein Mönch, besuchte Klöster und Einsiedeleien und setzte sich gleichzeitig für politisch und religiös Verfolgte ein. Nach vergeblichen Gesprächen mit hochrangigen Geistlichen wie dem Metropoliten in Moskau beklagte Leo Tolstoi die Bejahung des Kriegsdienstes durch führende Vertreter der institutionalisierten Kirche. Er besuchte wegen Kriegsdienstverweigerung inhaftierte Männer im Gefängnis und erhob»die unbedingte Gewaltlosigkeit zu einer seiner zentralen Forderungen im privaten wie im öffentlichen Leben«.[226]

Spätestens seit 1905 war Leo Tolstoi Anarchist und radikaler Pazifist. Im Jahre 1909 publizierte der 81-jährige Dichter seine enthusiastische ›Rede gegen den Krieg‹. Diese rebellischen Aufrufe des Schriftstellers gipfeln in dem Satz:»Du sollst nicht töten! Diese Wahrheit besagt, dass der Mensch unter keinen Umständen und unter keinerlei Vorwand einen anderen töten kann und darf.«[227]

Und an anderer Stelle der ›Rede gegen den Krieg‹ heißt es:»Wir sagen klar und gerade heraus, was zwar *alle wissen*, was aber niemand oder so gut wie *niemand sagt*: nämlich dass der Krieg *nicht*, wie das jetzt die Menschen vorgeben, irgendeine besonders wackere und lobenswerte Sache sei, sondern dass er, wie jeder Mord, eine *abscheuliche und frevelhafte Handlung* ist.«[228]

6 ›Et in terra pax‹

Was wenig bekannt ist: Zu den leidenschaftlichsten literarischen Kämpfern für den Frieden und gegen das Kriegsgeschrei zählt, jedenfalls in seinen letzten Lebensjahren, der sächsische Schriftsteller Karl May (1842–1912). Seit 1907 setzte er sich, in der pazifistischen Zeitschrift ›La Paix par le droit‹, speziell für die deutsch-französische Verständigung ein.[229] Und vor allem in seinen symbolistischen, hochliterarischen Spätwerksromanen ›Und Friede auf Erden!‹ (1904) sowie ›Ardistan und Dschinnistan‹ (1909) wandte sich May wortmächtig, bildstark und aus tiefer christlicher Überzeugung gegen Aufrüstung und Kriegsvorbereitung.

Für den Sammelband ›China‹ (1901), den der Schriftsteller und Lexikograph Joseph Kürschner herausgab, sollte Karl May eine – wie man es von ihm gewohnt war – spannende, deutschnational ausgerichtete Abenteuererzählung verfassen. Unter dem, für viele May-Freunde befremdlich klingenden, Titel ›Et in terra pax‹ lieferte der Autor indessen einen eher philosophisch-theologischen Text, der das genaue Gegenteil von dem enthielt, was Kürschner erwartete. Mays erstaunlicher, seinen Auftraggeber brüskierender Beitrag war ein flammender Aufruf zum Frieden, zur Versöhnung, zum interreligiösen Dialog, zur politischen Völkerverständigung. Die Folge war ein Zerwürfnis und später ein endgültiger Bruch zwischen Kürschner und May.

Im Jahr 1904 publizierte May unter dem Titel ›Und Friede auf Erden!‹ den ursprünglichen ›Pax‹-Text (1901) in wesentlich erweiterter Roman-Fassung. In dieser Buchausgabe von 1904 findet sich die – dem imperialistischen Zeitgeist radikal entgegengesetzte – Erklärung Karl Mays:

Ich hatte etwas geradezu Haarsträubendes geleistet, allerdings ganz ahnungslos: Das Werk war nämlich der »patriotischen« Verherrlichung des »Sieges« über China gewidmet, und während ganz Europa unter dem Donner der begeisterten Hipp, Hipp, Hurra und Vivat erzitterte, habe ich mein armes, kleines, dünnes Stimmchen erhoben und voller Angst gebettelt: »Gebt Liebe nur, gebt Liebe nur allein!« Das war lächerlich; ja, das war mehr als lächerlich, das war albern. Ich hatte mich und das ganze Buch blamiert und wurde bedeutet, einzulenken. Ich tat dies aber nicht, sondern ich schloß ab, und zwar sofort, mit vollstem Rechte. Mit dieser Art von Gong habe ich nichts zu tun![230]

Ganz offenkundig ist mit »dieser Art von Gong« die kaiserliche Kriegsrhetorik im Vorfeld des Ersten Weltkriegs gemeint, insbesondere die bösartige ›Hunnenrede‹ Wilhelms II. im Zusammenhang mit dem ›Boxeraufstand‹ in China (1900).[231] Mit seiner vehementen Friedensforderung im literarischen Spätwerk verlor Karl May einen erheblichen Teil seiner Leserschaft, gewann aber die Freundschaft der österreichischen Pazifistin, Friedensforscherin und Schriftstellerin Bertha von Suttner.[232] Die Generalstochter von Suttner hatte 1889 den Antikriegsroman ›Die Waffen nieder!‹ publiziert und erhielt 1905, als erste Frau, den Friedensnobelpreis. Mit Karl May blieb sie bis zu dessen Tod eng verbunden. Sie verehrte ihn tief, unter anderem ist ihr Wort über Mays Spätwerk überliefert: »Wenn ich nur eines dieser Werke hätte gestalten können, dann hätte ich mehr erreicht.«[233]

7 Ein fiktives Endgericht

Womöglich noch drängender als im ›Friede‹-Roman wirbt May im allegorischen, mystisch-visionären Doppelroman ›Ardistan und Dschinnistan‹ für den Weltfrieden. Die uralte, märchenhafte, aus Kurdistan stammende Königin Marah Durimeh hält vor dem Ich-Erzähler eine glühende, enthusiastische Rede:

»Im Abendlande würde man über das, was ich dir sagen werde, höchst wahrscheinlich lachen. Mir ist es aber ernst, ja bitter ernst. Man würde höhnen: ›Ein altes Kurdenweib spricht über hohe Politik und über die Gesetze der Zivilisation!‹ Ich aber stehe auf dem von Gott gegebenen Standpunkte, von welchem aus auf dem Feld von Bethlehem die Weissagung der himmlischen Heerscharen erklang: ›Ehre sei Gott in der Höhe, und Friede auf Erden!‹ Daß man ihm, dem Weltenherrn, die Ehre zollt, die ihm gebührt, dafür sorgt er in seiner Allmacht und Weisheit am allerbesten selbst. Aber daß hier auf Erden Frieden werde, das ist zwar sein Gebot, muß aber unsere Sorge sein, der wir gehorchen müssen.«[234]

Erneut an den Ich-Erzähler gewandt, fährt sie in ihrer Philippika fort:

»Ihr habt Kriegswissenschaften, theoretische und praktische. Und ihr habt Friedenswissenschaften, theoretische, aber keine praktischen. Wie man den Krieg führt, das weiß jedermann; wie man den Frieden führt, das weiß kein Mensch. Ihr habt stehende Heere für den Krieg, die jährlich viele Milliarden kosten. Wo habt ihr eure stehenden Heere für den Frieden, die keinen einzigen Para kosten, sondern Milliarden einbringen würden? Wo sind eure Friedensfestungen, eure Friedensmarschälle, eure Friedensstrategen, eure Friedensoffiziere?«[235]

Gewiss, mittlerweile gibt es durchaus eine wissenschaftliche Friedensforschung.[236] Zur Zeit Karl Mays aber zeigte die Gesellschaftspolitik für diese Art von Wissenschaft noch wenig Interesse.

In Mays ›Dschinnistan‹-Roman werden die prominenten Kriegstreiber der Weltgeschichte angeklagt und vor eine »Dschemma«, eine übernationale Gerichtsversammlung mit hoher geistlicher Autorität, gestellt. Es geht in diesem Gerichtsverfahren um vielerlei Vergehen der Mächtigen. »Die Haupt- und schwerste Frage aber ist, ob sie das Leben ihrer Mitmenschen geachtet haben oder nicht. Am unerbittlichsten wird der Mord bestraft, der Mord Einzelner und der Massenmord im Kriege. Für den Anstifter eines Krieges ist der Dschemma kein Erbarmen erlaubt. Das kann nur der höchste Richter, nur Gott allein verzeihen!«[237]

Sämtliche Verfehlungen der Angeklagten, das »Summarium« ihrer Regierungszeit, sind in Schuldbüchern bis ins letzte Detail verzeichnet. In einem dieser Bücher liest das erzählende Ich voller Entsetzen:

Burahdär-i-Mihribani heißt Bruder der Güte. Dieser Name läßt doch jedenfalls auf einen guten Charakter schließen, zumal er ein offizieller Regierungsname ist. Auch hatte dieser Herrscher nach unserer abendländischen Zeitrechnung nicht volle zehn Jahre regiert. (…) Was aber fand ich? (…) Acht von den zehn Jahren waren Kriegsjahre gewesen. Alle durch sie entstandenen Verluste an Menschen, Tieren, Kapital, Landbesitz und anderen, sich auf den Volkswohlstand beziehenden Dinge waren da angeführt. Nur allein die Opfer an Menschenleben betrugen über fünfzigtausend. Und dieser Herrscher war ›Bruder der Güte‹ genannt worden! Was mochte da wohl in den Büchern der Andern stehen! Den Verfassern dieser Abschätzungen und Aufstellungen war es darauf angekommen, vor allen Dingen die Verderblichkeit der Kriege und die Schuld der einzelnen Herrscher an der Entstehung dieser Menschenschlächtereien nachzuweisen.[238]

Die Angaben beziehen sich nicht nur auf die Kriege, an denen der ›Bruder der Güte‹ schuld war, sondern auch auf alle anderen Schäden, die seine Zeitgenossen durch ihn erlitten hatten:

Da waren die Hinrichtungen aufgeführt, die Vertreibungen aus dem Lande, die Vermögenskonfiskationen, die Verurteilungen gegen Recht und Gerechtigkeit, die Begünstigungen, der offene und der versteckte Raub durch Gewalttätigkeit und durch List. (…) Da wurde Verbrechen auf Verbrechen nachgewiesen, Unmenschlichkeit auf Unmenschlichkeit, Heimtücke auf Heimtücke, Trug auf Trug.[239]

Nach solchen Maßstäben kämen sie alle in die finsterste Hölle, in den siebten Kreis des ›Inferno‹ (in Dantes ›Commedia‹): Feldherren wie Alexander der Große oder Gaius Julius Caesar, ferner fast sämtliche römische Imperatoren, selbstredend auch gekrönte Häupter wie Karl der Große oder Napoleon, Belgiens Leopold II. oder Deutschlands Wilhelm II., von Hitler oder Stalin oder Milosevic oder Putin ganz zu schweigen. Karl May freilich geht es in seinen mystischen Spätwerken nicht um eine definitive Verurteilung und Verdammung der Unrechtstäter. Es geht ihm nicht um Rache, sondern um *Umkehr*, um Reue und Wiedergutmachung, um Heilung und Versöhnung, letztlich um die eschatologische Hoffnung auf die Rettung *aller*, auch der Mörder, im jenseitigen Gottesreich.

Gänzlich ohne ein Gottesreich und ohne eine Jenseitsperspektive kommt der entschiedene Pazifist, linksgerichtete Journalist, Satiriker und Lyriker Kurt Tucholsky (1890–1935) aus. Im Jahre 1924 verließ er Deutschland und emigrierte nach Frankreich und später nach Schweden. Der gelernte Jurist warnte frühzeitig vor der erstarkenden Rechten und dem Nationalsozialismus. Von Depression und Krankheit geschlagen, verlor er jedoch seinen Elan und seine Schaffenskraft. Völlig entmutigt beging er in Schweden Suizid.

Kurt Tucholsky, der unter mehreren Pseudonymen (darunter Kaspar Hauser und Old Shatterhand) schrieb, gilt als einer der bedeutendsten Publizisten der Weimarer Republik. Von ihm stammt der provozierende, in dieser Zuspitzung sicher sehr problematische Satz »Soldaten sind Mörder«.[240] Doch ohne Zweifel bedenkenswert ist Tucholskys aufrüttelndes, den Ersten Weltkrieg thematisierendes Antikriegslied ›Der Graben‹ (1926).

Tucholskys Gedicht will einfache Leute, nämlich Familienmitglieder von Kriegsopfern, ansprechen. Die erste Strophe des Gedichts lautet: »Mutter, wozu hast du deinen Sohn aufgezogen? / Hast dich zwanzig'

Jahr mit ihm gequält? / (…) Bis sie ihn dir weggenommen haben. /
Für den Graben, Mutter, für den Graben.«
   Der Autor rebelliert gegen die Obrigkeit als mörderische Gewalt.
So fordert die fünfte Strophe des Gedichts ›Der Graben‹ Widerstand
gegen den Staat:»Werft die Fahnen fort! / Die Militärkapellen spielen
auf zu eurem Todestanz. / Seid ihr hin: ein Kranz von Immortellen -/
das ist dann der Dank des Vaterlands.«[241]
   Als konsequenter Kriegsgegner zeigte sich auch der deutsche Schrift-
steller Erich Maria Remarque in seinem Roman ›Im Westen nichts
Neues‹ (1928): einer lakonisch realistischen Erzählung über den Ersten
Weltkrieg, die 1930 in Hollywood verfilmt wurde, schon bald eine
weltweite Verbreitung gefunden hat und in fünfzig Sprachen übersetzt
wurde. Der Autor resümiert:»Trommelfeuer, Sperrfeuer, Gardinen-
feuer, Minen, Gas, Tanks, Maschinengewehre, Handgranaten – Worte,
Worte, aber sie umfassen das Grauen der Welt.«[242]
   Konkret wird berichtet:»Wir sehen Menschen leben, denen der
Schädel fehlt; wir sehen Soldaten laufen, denen beide Füße weggefetzt
sind; sie stolpern auf den splitternden Stümpfen bis zum nächsten
Loch; (…) ein anderer geht zur Verbandstelle, und über seine fest-
haltenden Hände quellen die Därme; wir sehen Leute ohne Mund,
ohne Unterkiefer, ohne Gesicht; (…) die Granaten pfeifen, das Leben
ist zu Ende.«[243] Und an anderer Stelle des Romans fasst der Autor zusammen:»Es ist der Jammer der Welt, es ist die gemarterte Kreatur,
ein wilder, grauenvoller Schmerz, der da stöhnt.«[244]
   Ebenfalls im Ersten Weltkrieg, an der Ostfront, lässt der Schriftsteller Arnold Zweig (1887–1968) seinen kriegskritischen Erfolgs-
roman ›Der Streit um den Sergeanten Grischa‹ (1927) spielen. Zum
Inhalt der zu Herzen gehenden, mehrfach verfilmten Erzählung: Der
russische Kriegsgefangene Grischa flieht Anfang 1917, um seine Frau
und sein neugeborenes Kind zu sehen, aus dem Gefangenenlager.
Er wird ergriffen, zum Tode verurteilt und auf Befehl des Generals
Schieffenzahn (gemeint ist Erich Ludendorff, der Stellvertreter des
Generalfeldmarschalls Paul von Hindenburg) erschossen. Das Fazit:

Die Friedenssehnsucht der einfachen Soldaten setzt der Autor, erzählerisch großartig, in einen krassen Gegensatz zu den Eroberungsplänen des deutschen Generalstabs.

9 Gegen Hitlers Krieg

Einen publikumswirksamen und wahrhaft erschütternden Mahnruf gegen den Krieg verfasste der Dramatiker, Librettist und Lyriker Bertolt Brecht in seinem epischen Bühnenwerk ›Mutter Courage und ihre Kinder‹ (1938/39). Das im schwedischen Exil geschriebene, äußerst erfolgreiche, in der Nachkriegszeit von nahezu allen deutschen Stadttheatern aufgeführte – oft auch als Schullektüre verwendete – Drama spielt im Dreißigjährigen Krieg in den Jahren 1624 bis 1636. Die Marketenderin Mutter Courage versucht, mit dem schmutzigen Krieg ihr Einkommen zu sichern und verliert dabei ihre drei Kinder. Das Theaterstück ist als Warnung an die kleinen Leute – wie auch an große Unternehmen – zu verstehen, sich am Krieg zu bereichern. Zugleich muss ›Mutter Courage‹ als akuter Weckruf vor dem Ausbruch eines neuen, von Hitler angezettelten Krieges gedeutet werden, ja als Aufschrei gegen den Krieg überhaupt, weil der Krieg jegliche Moral verdirbt und, nach Brechts Auffassung, eine inhumane, ausbeuterische, kapitalistische Gesellschaft hervorbringt.[245]

Ein nicht weniger emotionales Antikriegsstück hat der Schriftsteller Arno Schmidt in seiner Erzählung ›Leviathan oder Die beste der Welten‹ (1949), literarisch kunstvoll, gestaltet. Dieses preisgekrönte Werk enthält die Notizen eines deutschen Soldaten, die dieser gegen Ende des Zweiten Weltkriegs verfasst. Das Tagebuch des Soldaten schildert die materiellen Schäden und die körperlich-seelischen Zerstörungen des Krieges und spricht zugleich, in ausladenden philosophischen Reflexionen, von der Bösartigkeit eines göttlichen Schöpfers: »Haben diese Leute [christliche Prediger oder gläubige

Dichter wie Dante Alighieri oder Matthias Claudius] denn nie daran gedacht, daß Gott der Schuldige sein könnte?«[246]

Ohne die Schuld auf Gott zu projizieren, schuf der Schriftsteller und Linkskatholik Heinrich Böll eine zeitlos gültige Antikriegsliteratur.

Die fürchterlichen Folgen des Krieges hat Heinrich Böll – der bedeutendste Vertreter der deutschen ›Trümmerliteratur‹ und Träger des Literatur-Nobelpreises 1972 – in seiner meisterlich erzählten Kurzgeschichte ›Wanderer, kommst du nach Spa …‹ (1950) aufs Eindringlichste dargestellt.

Der namenlose Ich-Erzähler, ein im Zweiten Weltkrieg schwer verwundeter junger Soldat, dem im provisorischen Operationssaal beide Arme und ein Bein amputiert werden mussten, hat erkannt, dass das Notlazarett in seinem ehemaligen Gymnasium in Bensheim untergebracht ist. Erst vor drei Monaten hat er dieses Gymnasium verlassen, um sofort in den Krieg geschickt zu werden.

Das nach dem preußischen Feldherrn und König Friedrich dem Großen benannte Schulgebäude bezeugt mit martialischen Wandbildern die kriegslüsterne Heldenverehrung in der NS-Gegenwart – wie auch in vergangenen Jahrhunderten deutscher Großmachtpolitik. Im Treppenhaus prangt unter anderem das »besonders große, besonders bunte Bild des Alten Fritzen mit der himmelblauen Uniform, den strahlenden Augen und dem großen, golden glänzenden Stern auf der Brust«.[247]

Auf der Schreibtafel im Zeichensaal erkennt der Erzähler in seiner eigenen Handschrift die Worte »Wanderer, kommst du nach Spa …«. Er musste diesen Spruch, wie alle seine Mitschüler, auf die Tafel notieren. Weil er die Buchstaben zu groß gewählt hatte und die Tafel zu kurz war, konnte er das Zitat nicht zu Ende schreiben. In der Übersetzung Friedrich Schillers lautet es vollständig: »Wanderer, kommst du nach Sparta, verkündige dorten, du habest / Uns hier liegen gesehen, wie das Gesetz es befahl.«

Dieser bekannte Text geht auf ein Epitaph des griechischen Dichters Simonides von Keos zurück. Er war den spartanischen Kämpfern gewidmet, die in der Schlacht bei den Thermopylen (480 v. Chr.) dem persischen Heer unter König Xerxes I. unterlagen und ums Leben kamen. Sie starben einen irrsinnigen ›Heldentod‹ – einen Tod, der für nichts und niemanden gut war. Zugleich symbolisiert Böll im verkrüppelten Ich-Erzähler »das Schicksal jener Jugend, die von der Schulbank in das Grauen des Krieges gestoßen wurde«.[248]

Die verheerenden Nachwirkungen des Krieges sind auch das Thema in Wolfgang Borcherts berühmtem Theaterstück ›Draußen vor der Tür‹ (1947). Der Protagonist, der von den Erlebnissen als Unteroffizier im Zweiten Weltkrieg ohnehin schon verstörte Spätheimkehrer Beckmann, findet sich – nach dreijähriger Kriegsgefangenschaft – in der Heimatstadt Hamburg nicht mehr zurecht. Seine Freundin hat einen anderen Mann geheiratet. Und der frühere Oberst, der ihm mörderische Befehle gegeben hatte, sitzt mit seiner Familie gemütlich am Tisch, während Beckmann seine allnächtlichen Alpträume plagen.

Auf der Suche nach einem Platz in der deutschen Nachkriegsgesellschaft, die den Krieg schon längst verdrängt hat, fühlt sich Beckmann ausgestoßen und überhaupt nicht mehr wahrgenommen. In seiner selbstquälerischen Gewissensnot (»Wer schützt uns davor, daß wir nicht Mörder werden?«)[249] bleibt er allein. Seine verzweifelten Fragen nach dem Sinn des Lebens und dem Sinn des Todes bleiben ohne Resonanz. Niemand gibt ihm Antwort, auch nicht »der alte Mann, der sich Gott nennt«.[250]

Dass dieses Bühnenwerk zum Riesenerfolg wurde, hat seinen Grund sicherlich in der literarischen Qualität des Dramas, aber *auch* in der unmittelbaren Aktualität des beschriebenen Geschehens: Sehr viele Zeitgenossen konnten sich mit dem Schicksal des Heimkehrers Beckmann identifizieren.

Die Schwierigkeit für Kriegsheimkehrer bei der Wiederaufnahme des normalen Lebens am Heimatort demonstriert auch die US-amerikanische Dramatikerin Lindsey Ferrentino: in ihrem 2015 in New York uraufgeführten Schauspiel ›Ugly Lies the Bone‹. Im Zentrum dieses Bühnenwerks steht die Kriegsveteranin Jess. Nach mehreren Militäreinsätzen in Afghanistan kehrt sie traumatisiert und verletzt durch schwere Verbrennungen nach Florida zurück. Dort versucht sie, lange Zeit vergeblich, ihre Erlebnisse therapeutisch zu ›verarbeiten‹ und mit den umwälzenden Veränderungen an der Space Coast in Florida umzugehen.[251]

Wie nicht anders zu erwarten, sind die Themen Krieg und traumatisierende Gewalt in zahlreichen Werken der Gegenwartsliteratur präsent. So schildert die mit vielen literarischen Preisen ausgezeichnete chilenische Schriftstellerin Isabel Allende in ihrem historischen Abenteuer- und Antikriegsroman ›Inés meines Herzens‹ (2006), sehr eindringlich und kenntnisreich, die Conquista in Lateinamerika im 16. Jahrhundert.

Isabel Allende verwendet historische Werke über die Geschichte Chiles und schreibt in einem mitreißenden, dabei aber unaufgeregten lakonischen Ton. Der Ehemann der Protagonistin Inés Suarez, der im Dienst des grausamen Conquistadors Francisco Pizarro stehende Feldherr Pedro de Valdivia, gründet gemeinsam mit Inés – einer mutigen, leidenschaftlichen, temperamentvollen Frau – die Stadt Santiago. Dass die Autorin Allende die mit den Städtegründungen einhergehenden Eroberungskriege mit sehr kritischen Augen sieht, lassen Romanzitate wie das folgende deutlich erkennen:

> Pedro und Francisco dankten dem Himmel, dass sie Katholiken waren und so der Rettung ihrer Seelen sicher sein durften, und obendrein Spanier, das heißt dem Rest der Sterblichen überlegen. Sie waren (…) von Gott dazu ausersehen, die fernsten Weltgegenden zu entdecken, zu erobern, zu bekehren.[252]

Pedro de Valdivia und die anderen Eroberer sehen sich voll und ganz im Recht, denn der christliche Gott steht selbstverständlich auf der Seite der christlichen Spanier. Dieses religiöse Sendungsbewusstsein hindert Pedro freilich nicht an der beschämenden, selbstkritischen Einsicht: Er »hatte das ganze Ausmaß menschlicher Niedertracht kennengelernt, hatte auf den dunklen Grund der Seele geblickt, wusste, dass ein Mensch, der den Barbareien des Krieges ausgesetzt ist, zu verabscheuenswürdigen Taten imstande ist, und er fühlte sich nicht verschieden von den anderen. (…) Grausige Wonne, wenn die Klinge in den Leib drang, teuflische Überhebung, wenn man den Lebensfaden eines anderen durchtrennte, Taumel im Angesicht von quellendem Blut, all das gewann Macht über einen. Erst ist das Töten eine Pflicht, dann eine grimmige Lust.«[253]

Über das unfassliche Leid der verfolgten Ureinwohner Südamerikas und die Selbstgerechtigkeit der Eroberer schreibt Isabel Allende: »Wenn ein Indio vor Erschöpfung zusammenbrach, wurde er von den schwarzen Aufsehern zu Tode gepeitscht, und so groß war der Hunger unter den gequälten Indios, dass sie in ihrer Verzweiflung ihre toten Kameraden aßen. Ein Spanier, der keine Gnade kannte und viele Indios tötete, galt als wackerer Mann, wer es nicht tat, als feige.«[254]

Zur Gegenwehr der indianischen Krieger findet sich in Allendes Roman die kühle Bemerkung: »Wie sollten die Eingeborenen nach allem, was wir ihnen angetan haben, Erbarmen mit uns haben? Das Grauen gebiert neues Grauen in einem nie endenden Kreislauf.«[255]

Vierhundert Jahre später, auf einem anderen Erdteil, spielt der Roman ›Während die Welt schlief‹ (2006), verfasst von der palästinensisch-US-amerikanischen Schriftstellerin und Menschenrechtsaktivistin Susan Abulhawa (geb. 1970). Die Autorin wuchs als Kind palästinensischer Flüchtlinge in Kuwait, Jordanien und Jerusalem auf. Als Teenager ging sie in die USA, ihr Debüt ›Während die Welt schlief‹ brachte es rasch zum internationalen Bestseller.

Susan Abulhawa erzählt – über den Zeitraum von vier Generationen – die bewegende Geschichte über den Verlust ihrer Heimat, über eine

zerrissene Familie, über Kriege und brutale Gewalt, über Liebe und Freundschaft unter den Vertriebenen. So beginnt der Antikriegs-Roman: Amal, die Protagonistin, »wollte dem Soldaten genauer in die Augen schauen, doch die Mündung der Schnellfeuerwaffe, die er gegen ihre Stirn presste, verhinderte das.«[256] Die Palästinenserin und amerikanische Staatsbürgerin Amal überlebt jedoch, eine »Schweißperle lief dem Soldaten über das Gesicht. Er zwinkerte angestrengt – ihr Blick machte ihn nervös. Er hatte vorher schon getötet, aber nie hatte er dabei seinem Opfer in die Augen geschaut. Das begriff Amal, und sie spürte, wie aufgewühlt er war inmitten dieses Gemetzels.«[257]
›Während die Welt schlief‹ ist in einem humanistischen, friedfertigen Geist geschrieben. In den acht Romanteilen berichtet die Autorin über die Abulhijas, die als Olivenbauern friedlich in ihrem Dorf Ein Hod lebten – bis 1948 die Zionisten den Staat Israel ausriefen. Die Familie Abulhija und die übrigen Dorfbewohner werden mit Waffengewalt vertrieben, ihr Land und ihren Besitz müssen sie zurücklassen. Doch ihre Hoffnung auf Frieden und Versöhnung mit den Israelis wird nie enden.

11 ›Geschichten von der Bibel‹

Die Zionisten machen für ihre gewaltsame ›Landnahme‹ in Palästina *religiöse* Gründe geltend: *Gott* habe ihnen das ›gelobte Land‹ mit der Hauptstadt Jerusalem zugesagt.[258] Für diese Sichtweise finden sich durchaus Anhaltspunkte im Alten Testament, in großer Menge sogar.[259] Nur sind diese Bibelstellen unvereinbar mit der Frohbotschaft Jesu.
In seinem Bühnenstück ›Saul‹ (2019) hinterfragt der Schriftsteller, Essayist und Dramatiker Botho Strauß – mit Bezug auf die alttestamentlichen Bücher der Könige – die Kriege des von Gott ›auserwählten‹ Volkes Israel mit den ›heidnischen‹ Philistern und Amalekitern. Im Zwiegespräch zwischen dem Propheten Samuel und dem israelitischen König Saul stellt sich heraus, dass beide an einem – aus späterer, christlicher Sicht – ganz fürchterlichen Gottesbild festhalten: Nach der Auf-

fassung Samuels besteht *darin* Sauls Schuld vor Gott und dem eigenen Volk, dass er die heidnischen Philister nicht vernichtete »mit Stumpf und Stiel, mit König, Kindern, allem Getier«.[260]

König Saul akzeptiert diese Deutung und betrachtet sich als nachhaltig bestraft und verdammt von Gott: Weil er »die Amalekiter nicht ausrotten wollte bis auf den letzten, (…) wie Gott der Gerechte es befahl«[261], deshalb sieht sich Saul als Versager und Frevler, als »Gottes falsche Wahl«.[262] Teils zwischen den Zeilen, teils ausdrücklich kritisiert Botho Strauß dieses grauenhafte, herrisch-inhumane Gottesbild in weiten Teilen des Alten Testaments. Wie Strauß unterstreicht, erscheint der Jahwe-Gott in solchen Bibeltexten als Tyrann, als willkürlicher Herrscher, als gnadenloser Diktator.[263]

Der resignierende König Saul muss voller Ärger des Volkes Stimme vernehmen: »Saul hat tausend erschlagen, David aber zehntausend.«[264] Dieses, so Strauß, »schreckliche Wort«[265] findet sich tatsächlich in der Bibel (1 Sam 18,7): als Jubelruf der überschwänglichen, von David schwärmenden Frauen. Ja, dass der Strahlemann David so viele und so blutige Siege über die Feinde erringt, interpretiert das gesamte Volk Israel als »Zeichen von Gottes Zustimmung« zu David.[266] Der Autor Strauß hingegen bewertet diesen, den Krieg begrüßenden, Deutungsansatz als äußerst fragwürdig und falsch.

Auch der renommierte österreichische Schriftsteller Michael Köhlmeier geht, in seinen ›Geschichten von der Bibel‹ (2001), auf Distanz zu alttestamentlichen Schriftstellen, die die Grausamkeit eines Kriegsgottes nahelegen oder »seine Ungerechtigkeit, seine Unberechenbarkeit, seine Kleinlichkeit, seine Eitelkeit, seine Rachsucht«.[267] Köhlmeier betont, wie anthropomorph das Alte Testament – von wenigen Ausnahmetexten abgesehen – von Gott redet. Denn die Geschichten der hebräischen Bibel waren, wie Köhlmeier erläutert, in die kriegerischen Sagen und Legenden fremder Völker eingebettet; sie »erwuchsen aus einem mythischen Umfeld«.[268]

Der Bibelfreund Köhlmeier selbst neigt zu der (freilich nicht unproblematischen) »Auffassung, dass auch Gott eine Entwicklung

durchmachte – von einem jungen, grausamen (…) Gott, der sich
seinen Platz unter (…) den anderen Gottheiten der Umgebung erst
schaffen musste«:[269] eine Entwicklung bis hin zu dem gewaltlosen,
universal *liebenden* Gott, wie ihn die neutestamentlichen Schriften
verkünden.

Forciert in seinem Bildungs- und Entwicklungsroman ›Matou‹
(2021) wendet sich Köhlmeier gegen kriegerische Gewalt, konkret
gegen die Kolonialpolitik des sadistischen belgischen Königs Leopold
II., der Belgisch-Kongo als seinen Privatbesitz betrachtete und die
dortigen Ureinwohner bedenkenlos massakrieren ließ. Zum Dienst
der Kolonialsoldaten gehörte, so steht es im Roman, »das Abhacken
von Händen und Füßen und das Auslöffeln von Augen, aber auch
(…) das Auffädeln männlicher Geschlechtsteile an einem Draht über
dem Eingang und das Aufspießen Hunderter Menschenköpfe auf die
Zaunpfähle eines Forts«.[270]

Der Leopard Matou, der sprechen, denken und fühlen kann wie ein
Mensch, steht auf der Seite der Entrechteten und Geschundenen. Er
wird zum Freund und starken Beschützer eines kleinen kongolesischen
Mädchens, dem man die Füße heruntergesäbelt und die Augen aus-
gestochen hat.

12 ›Der Fallmeister‹

Dasselbe, was der König der Belgier im Kongo anrichtete, tat der
deutsche Kaiser Wilhelm II. den Eingeborenen in der damaligen
Kolonie Deutsch-Südwestafrika an.[271] Der Jurist und Bestseller-Autor
Bernhard Schlink, ein Sohn des prominenten evangelischen Theologen
Edmund Schlink, erzählt in seinem Roman ›Olga‹ (2018) beiläufig vom
niedergeschlagenen Aufstand der Herero und Nama in Deutsch-Südwestafrika. Die Titelheldin, eine geradlinige, selbstbewusste Persön-
lichkeit, lehnt die Großmachtpolitik Bismarcks ab und auch sonst jede
Art von Deutschtümelei. Von Anfang an ist sie eine Gegnerin des Nazi-

regimes, denn »wieder sollte Deutschland zu groß werden, nachdem Bismarck es schon zu groß gewollt und gemacht hatte«.[272]

Olgas Lebensgefährte Herbert, ein begeisterter Nietzsche-Verehrer, hatte beschlossen »ein Übermensch zu werden, nicht zu rasten und nicht zu ruhen, Deutschland groß zu machen und mit Deutschland groß zu werden, auch wenn es ihm Grausamkeit gegen sich und gegen andere abverlange. Olga fand die großen Worte hohl. Aber Herberts Wangen glühten und seine Augen leuchteten, und sie konnte nicht anders, als ihn verliebt anzuschauen.«[273]

Der Hurra-Patriot Herbert meldet sich mit achtzehn Jahren freiwillig zur »Schutztruppe« nach Deutsch-Südwestafrika. Der auktoriale Erzähler erläutert: »Die bürgerlichen Parteien glaubten an die koloniale Zukunft Deutschlands, wenn nur die Eingeborenen ordentlich und christlich behandelt würden. Die Sozialdemokraten lehnten Kolonien ab; sie seien unmoralisch, sie seien unwirtschaftlich, und sie verdürben den Charakter des entsandten Personals.«[274]

Olga denkt sozialdemokratisch, kann sich aber keinen grausamen Herbert vorstellen und hofft, dass der Krieg in Afrika bald vorbei sei. Doch Herbert, der junge Leutnant, macht gewissenlos mit beim Morden im Kolonialkrieg. Die »Neger« seien, so berichtet er Olga, »ein Menschenschlag, der noch auf tiefster Kulturstufe steht und dem unsere höchsten und besten Eigenschaften wie Fleiß, Dankbarkeit, Mitleid und überhaupt alles Ideale fehlt«.[275] Herbert schießt auf die Hereros, er kämpft und sieht seine Kameraden und die Aufständischen fallen. Er sieht zerfetzte, in die Luft gewirbelte Leiber, er sieht Tote und Verwundete, Verhungerte und Verdurstete, darunter Greise und Kinder, »sie hatten auf dem Boden gelegen, und er war auf dem Pferd gesessen«.[276]

Mit einer höchst merkwürdigen Allianz von christlicher Religion und kriegerischer Gewalt setzt sich der Georg-Büchner-Preisträger Friedrich Christian Delius in seinem Roman ›Die Liebesgeschichtenerzählerin‹ (2016) auseinander. Hans von Schabow, erfolgreicher U-Boot-Kommandant im Ersten Weltkrieg, zählte die versenkten

Bruttoregistertonnen, aber nicht die Seeleute und Passagiere, »die nach seinem Befehl oder mit seinem Zutun in den Wellen versunken waren«.[277] Der Kapitän »versuchte, das Nichtdenken zu lernen, *das ist eben der Krieg, das gehört notwendig dazu, (…) man muss seine Pflicht tun, für das Vaterland ist kein Opfer zu groß*«.[278] Der kriegstüchtige Kapitän ist ein frommer Mann protestantischer Prägung. Schneidig ist er, unter Kaiser Wilhelm II., für die »gottgewollte Ordnung« eingetreten.[279] Und nach Kriegsende wird er ein reisender Volksmissionar, ein besonders eifriger Verkünder des Evangeliums.

Schabows Tochter Marie vertieft sich in die Rätselhaftigkeit des ehemaligen »schiffeversenkenden Christenmenschen«.[280] Sie beargwöhnt des Vaters »Wechsel von der kaiserlichen Uniform in die christliche Uniform«,[281] den Wandel »vom Kaisergehorsam zum Gottesgehorsam«, den kurzen Weg »von der wilhelminischen Rüstung in die protestantische, in die pietistische Rüstung, von Frömmigkeit zu Frömmigkeit«.[282] So richtig glücklich angesichts der Panzerung des Kapitänvaters »mit Bibelsätzen und Luthersprüchen«[283] wirkt Marie keineswegs.

Von übelsten Kriegsverbrechen im Zweiten Weltkrieg handelt der Roman ›Dunkelblum‹ (2021) von Eva Menasse. Die österreichische Schriftstellerin beschreibt in dieser – weithin historisch belegten – Erzählung ein Massaker, das 1945, kurz vor Kriegsende, von SS-Offizieren an jüdischen Zwangsarbeitern verübt wurde. Das große Thema ist, neben der allgemeinen Anklage gegen die Kriegstreiber, die verdrängte NS-Vergangenheit in Dunkelblum, einer fiktiven Kleinstadt im österreichischen Burgenland nahe der ungarischen Grenze.

Maximale menschliche Bosheit bleibt im Roman ungesühnt. So kann der berüchtigte SS-Sturmscharführer Neulag nach dem Einmarsch der Roten Armee entfliehen und untertauchen. Der Schlägertyp Georg Horka, der »ein emsiger Ausführer und blutrünstiger Exekutor jedes schändlichen Befehls« war,[284] gibt sich in der Nachkriegszeit als Verfolgter des Naziregimes aus und wird von den sowjetischen Besatzern obendrein zum Chef der Dunkelblumer Ortspolizei ernannt. Alois Ferbenz, der ehemalige stellvertretende Gauleiter der Steiermark, lebt »gesund und munter« in seinem Heimatort, als angesehener, »allseits respektierter Bürger«.[285] Ja, mit schamlosen Betrügereien gelingt es etlichen alten Nazis und SS-Männern, nach Kriegsende als »Beinahe-schon-Widerstandskämpfer« zu gelten.[286]

Ein letztes, schockierendes, Antikriegs-Beispiel aus der Gegenwartsliteratur: Der österreichische Schriftsteller Christoph Ransmayr schildert in seinem dystopischen Roman ›Der Fallmeister‹ (2021) eine finstere Zukunftsvision, spielend etwa um das Jahr 2200 in einer teils ins Ortlose verfremdeten Gegend. In diesem Roman wird die Menschheit tödlich bedroht vom Klimawandel, von steigenden Meeresspiegeln, von globalen Katastrophen. Das Trinkwasser steht nur noch den Reichsten unbegrenzt zur Verfügung. Alles dreht sich um die Beherrschung des Wassers, um das an Flüssen, Seen und Quellgebieten die fürchterlichsten Kriege geführt werden. Die USA und »das ganze von Todes- und Untergangsängsten gequälte Europa«[287] taumeln der Vernichtung entgegen. Intakt sind nur die Behörden, alles wird überwacht, jeder misstraut jedem.

Allerdings endet Ransmayrs Roman nicht ohne eine positive, verheißungsvolle Perspektive. In seinen Gedanken hört sich der Ich-Erzähler das göttliche Gebot *Du sollst nicht töten* »wieder und wieder wie einen Gebetsrefrain oder einen Trostspruch (…) flüstern«.[288] Ja, die Beschwörungsformel *Du sollst nicht töten* wird, so sieht es im Finale aus, zum rettenden Anker für den Erzähler – und vielleicht auch für das ganze Menschengeschlecht.

Es kann der Frömmste nicht in Frieden leben,
wenn es dem bösen Nachbarn nicht gefällt.
Friedrich Schiller

Kapitel VI
Der Ukraine-Krieg

Seit dem russischen Angriff auf die Ukraine am 24. Februar 2022 –
unter dem absurden Vorwand, die Ukraine »entnazifizieren« und von
westlicher Bevormundung »befreien« zu wollen – scheinen sämtliche
politischen Grundsätze zur Wahrung des Weltfriedens und viele Ver-
tragsabschlüsse plötzlich nicht mehr zu gelten. Ich denke besonders an
das Budapester Memorandum (1994) und den Freundschaftsvertrag
(1997) zwischen Russland und der Ukraine: Beide Verträge garantieren
die Souveränität der Ukraine.

Auch die Idee, kriegerische Handlungen zumindest in Europa durch
eine wechselseitige wirtschaftliche Abhängigkeit der Staaten praktisch
auszuschließen (»Wandel durch Handel«), scheint sich nicht bewährt
zu haben. Ja, es sieht so aus: Die Mechanismen zur Konfliktbefriedung,
die wir Jahrzehnte lang nach dem Zweiten Weltkrieg hatten, versagen
zur Zeit.

Das Chaos wird noch vergrößert durch den Umstand: Auf russischer
wie auf ukrainischer Seite kämpfen neben den regulären Truppen
auch Söldner, diverse Abenteurer und private Militärunternehmen –
eine Situation, die an den Dreißigjährigen Krieg erinnert. Wie Papst
Franziskus sagte, wirft uns der Ukraine-Krieg auf Kain und Abel, auf
archaische Verhältnisse, zurück.[289]

Ganz nüchtern ist festzustellen: Zu den nachweislichen Vorläufern
des Konflikts zählen die Kriege in Tschetschenien, Georgien und
Syrien sowie die völkerrechtswidrige Annexion der Halbinsel Krim
durch Russland (im Jahr 2014).[290] Hinzu kommen die seit Jahren

währenden Kämpfe zwischen der ukrainischen Armee und russisch-stämmigen, von Russland finanzierten und ausgerüsteten Separatisten in der Ostukraine. Sogar reguläre russische Truppen waren höchstwahrscheinlich an diesen Gefechten beteiligt. Zwar wurde 2015 das Minsker Friedensabkommen beschlossen; aber um die Umsetzung dieser Vereinbarung hat sich keine Seite ernsthaft gekümmert. Auch die beschlossenen Wahlen wurden nie durchgeführt, die Diplomatie blieb ergebnislos.

Forsches Auftreten und stramme Führung scheinen jetzt für manche Leute das beste Heilmittel zu sein. Der bekannte katholische Journalist Giovanni di Lorenzo bedauert zu Recht die in Deutschland aufgeheizte Debatte über die Lieferung von Panzern und Kanonen an die Ukraine.[291] Die Frage ist allerdings nicht von der Hand zu weisen: Kann man einen Feind lieben, der das Land verwüstet und Zivilisten massakriert? Darf der Westen die Ukraine dem Aggressor schutzlos ausliefern? Soll die NATO, soll die Europäische Union der ukrainischen Regierung signalisieren, sie möge sich endlich unterwerfen, um noch schlimmeres Leid zu verhindern?

Der katholische Sozialethiker Markus Vogt hebt hervor: Durch den russischen Staatspräsidenten Wladimir Putin werde »nicht nur die territoriale Integrität einer souveränen Nation verletzt, sondern zugleich ein Angriff auf die Werteordnung Europas und der Vereinten Nationen unternommen«[292] Der militärische Widerstand der Ukraine und die Unterstützung durch den Westen seien deshalb »aus der Sicht christlicher Friedensethik zu begrüßen«.[293]

Das Problem ist aus meiner Sicht nicht nur vielschichtig, es ist *so* komplex, dass es eine wirklich gute Lösung in absehbarer Zeit wohl gar nicht geben kann. Der umsichtige, vorausschauend denkende Benediktinermönch, Bestsellerautor und Weisheitslehrer Anselm Grün erwiderte auf die Frage nach westlichen Waffenlieferungen an die Ukraine: »Das ist wirklich keine leichte Frage, und ich kann sie auch nicht so leicht beantworten.«[294] Trotzdem werden oft sehr vorschnelle Antworten gegeben. Ja, an den möglichen Reaktionen auf den Ukrainekrieg scheiden sich offenbar die Geister.

Der berühmte Philosoph und Soziologe Jürgen Habermas (geb. 1929) tadelte die »moralisch entrüsteten Ankläger« des deutschen Bundeskanzlers Olaf Scholz, der, den Kritikern zufolge, viel zu zögerlich sei, was die Lieferung von schweren Waffen an die Ukraine betrifft.[295] Der schon erwähnte deutsch-italienische Journalist und Fernsehmoderator Giovanni di Lorenzo indessen räumt zwar ein, wir seien durch Putins Krieg »aus der pazifistischen Illusion herausgerissen«, zeigt aber trotzdem viel Verständnis für Habermas' Kritik an der Polemik gegen Olaf Scholz.[296]

Laut Umfrage vom 16. Juni 2022 findet eine Mehrheit der Deutschen Scholz' besonnene Haltung richtig und befürwortet auch weitere Verhandlungen mit Präsident Putin.[297] Die vom Westen beschlossene Lieferung von Waffen an die Ukraine aber ist, gerade auch unter Christen, durchaus umstritten.

Angesichts einer kaum überschaubaren Welt-Situation (etwa der Vor- und Nachteile von Globalisierung und zwischenstaatlichen Interdependenzen) schrieb die Theologin und Pfarrerin Annette Kurschus – seit 2021 Ratsvorsitzende der Evangelischen Kirche in Deutschland – kurz nach dem Ausbruch des Ukrainekriegs: »Frieden schaffen ohne Waffen scheitert derzeit an einem Aggressor, der sich an keine internationalen Regeln hält und mit dem ein Vertrauensaufbau nicht möglich ist. Dies werden wir redlicherweise in die evangelische Friedensethik integrieren müssen.« In bewegenden Worten bekennt und erklärt Frau Kurschus:

> Mich persönlich stürzt das in ein echtes Dilemma: Ich bin zutiefst davon überzeugt, dass Waffengewalt keinen Frieden schaffen kann. (…) Unsere Friedensethik darf aber nicht zu einer steilen Ideologie werden, die wir anderen vorhalten, um selbst edel und gut zu bleiben. (…) Es wird immer deutlicher auch in diesem Krieg: Ohne Schuld kommt da niemand raus, egal wie wir handeln oder nicht handeln und uns positionieren.[298]

In ähnlicher Weise gibt Ulrich Körtner, der international angesehene (unter anderem mit dem Ehrenkreuz für Wissenschaft und Kunst ausgezeichnete) Ordinarius für Systematische Theologie an der Evangelisch-Theologischen Fakultät Wien, zu bedenken: Der russische Angriffskrieg gegen die Ukraine habe »die nach 1989 entstandene Sicherheitsordnung umgestoßen«. Die neue Situation nötige dazu, die »Grundpositionen der evangelischen Friedensethik der letzten Jahrzehnte noch einmal zu überdenken«.[299] Ja, Ulrich Körtner wird noch deutlicher: Die Entscheidung der deutschen Bundesregierung, ihre Streitkräfte besser auszurüsten, hält er für richtig und überfällig.[300]

Kann man die russischen Armeen stoppen, indem man sich ihnen ohne Waffen, im zivilen Widerstand, entgegenstellt? Soll die Ukraine den Krieg sofort beenden – um den Preis, unter das russische Joch zu kommen? Sogar der politisch eher links stehende bayerische Landes-bischof Heinrich Bedford-Strohm hält unter den gegebenen Um-ständen eine militärische Unterstützung der Ukraine durch den Westen für vertretbar und legitim. Gleichzeitig aber erklärte der Bischof, er sei bei diesem Streitthema »innerlich zerrissen«.[301]

In jedem Fall ist die Gefahr einer nicht mehr kontrollierbaren Eskalation zu beachten. Meines Erachtens zu Recht wendet der Verleger und Publizist Jakob Augstein gegen die Befürworter einer amerikanischen oder europäischen Militärhilfe für die Ukraine ein: »Der Westen verlängert mit seinen Waffenlieferungen den Krieg. Sobald unsere Waffen dort zum Einsatz kommen, sind es nicht mehr nur Putins Tote, es sind dann auch unsere.«[302]

Seit Ende Februar 2022 frage ich mich: Sollen alle bisherigen Prinzipien zum unbedingten Vorrang einer »Pädagogik des Friedens« über militärische Gewalt jetzt nicht mehr gelten?[303] Frieden schaffen – mit noch mehr Waffen? Kann dies eine echte Lösung sein?

Der ukrainische Staatspräsident Wolodymyr Selenskyi und seine Berater sehen die militärische Gegengewalt nach dem russischen Angriff auf ihr Land als alternativlose Notwehr an. Sie pochen auf ihr Recht zur Selbstverteidigung und fordern vom Westen, nicht zuletzt von Deutschland, schon seit dem Kriegsbeginn die Lieferung von schweren Waffen an die Ukraine.

Bundeskanzler Olaf Scholz sprach in seiner ›historischen‹ Rede am 27. Februar 2022 von einer »Zeitenwende«, die ein radikales Umdenken erfordere. In Abstimmung mit den NATO-Verbündeten sagte der Kanzler der Ukraine wirtschaftliche *und* militärische Hilfe zu und stellte zugleich eine enorm kostspielige Neuausrüstung der Bundeswehr in Aussicht. Eine medial geförderte Kriegsrhetorik bestimmt seither den Ton. In Deutschland sind es nicht nur konservative Unions-Politiker, sondern auch etliche SPD- und FDP-Leute sowie namhafte Grüne, die über die eher vorsichtige Politik des Bundeskanzlers noch hinausgehen und eine verstärkte Militärhilfe für die Ukraine verlangen. Auf der anderen Seite droht der russische Präsident Putin mit noch schlimmeren Angriffen und mit dem Einsatz von Nuklearwaffen.

Sind Waffenlieferungen an die Ukraine zu verantworten? Wir befinden uns mit dieser Frage auf einer Gratwanderung. Der katholische Militärbischof Franz-Josef Overbeck unterstrich zwar, am 15. April 2022, das Recht der Ukraine auf Selbstverteidigung und rechtfertigte auch westliche Waffenlieferungen. Zugleich aber sagte er: »Oberstes Ziel« der Militäreinsätze müsse es immer sein, »Frieden zu stiften und den Krieg zu beenden – mit möglichst wenig Waffengewalt«.[304] Schon zuvor, am 10. März, hatte die Deutsche Katholische Bischofskonferenz Rüstungslieferungen an die Ukraine für legitim erklärt. Auch die Deutsche Kommission ›Justitia et Pax‹ befürwortete, am 26. März 2022, unter dem Vorsitz des katholischen Bischofs Heiner Wilmer »kluge Waffenlieferungen« an die Ukraine.[305]

Doch der große Haken an der Sache: Jetzt droht eine verstärkte Gewaltspirale, ein neues Wettrüsten zwischen Ost und West. Viele Menschen, gerade auch Christen, fühlen sich in dieser unvorhergesehenen Konstellation hin- und hergerissen. Sie fürchten, der Krieg werde durch den Westen nur in die Länge gezogen und das Leid der Bevölkerung werde dadurch noch erheblich vergrößert. So forderten Künstler und Intellektuelle in – von Prominenten wie Konstantin Wecker oder Alice Schwarzer unterzeichneten – Offenen Briefen an Bundeskanzler Olaf Scholz einen sofortigen Stopp der Waffenlieferungen an die Ukraine.[306] Andere Persönlichkeiten des öffentlichen Lebens (zum Beispiel der Schriftsteller Martin Walser, die Schriftstellerin Juli Zeh, der Sänger Reinhard Mey oder der Kabarettist Gerhard Polt) schlossen sich an.[307]

Aber es meldeten sich, wie zu erwarten, auch wichtige und bedenkenswerte Gegenstimmen zu Wort. Zu Recht wird immer wieder gesagt: Ohne militärische Gegengewalt von Seiten der Alliierten hätte Hitler den Zweiten Weltkrieg noch jahrelang weitergeführt und vielleicht sogar gewonnen. Der katholische Christ und SPD-Politiker Wolfgang Thierse, der nun wirklich kein Kriegstreiber ist, argumentiert im Rückblick auf Hitler:

> Wie Hitler-Deutschland 1939 das Nachbarland Polen überfallen hat, so führt Putin-Russland einen Angriffskrieg gegen sein Nachbarland Ukraine. Und verletzt alle Regeln und Verträge, die bisher die europäische Friedensordnung ausgemacht haben (…). Wer als Pazifist angesichts der Bilder aus der Ukraine ohne Selbstzweifel, ohne Irritation bleibt, der hat wohl kein empfindliches Herz. Wer allzu schnelle Antworten hat, dem fehlt es vielleicht an Klugheit.
>
> Auch und gerade die Friedensbewegung sollte sich der Erschütterung durch diesen Aggressionskrieg Putin-Russlands stellen und nicht einfach und trotzig an alten Gewissheiten und ehrenwerten Glaubenssätzen festhalten. Das Konzept des gerechten Friedens, der friedensethische Grundsatz: Konfliktursachen erkennen, bearbeiten, ihre friedliche Lösung ermöglichen – das ist gewiss nicht einfach erledigt. Aber wir müssen uns doch fragen, was die guten alten Konzepte und

Grundsätze noch taugen angesichts eines brutalen und völkerrechts-widrigen Krieges. (…) Die Friedensbewegung jedenfalls wird nur möglich und glaubwürdig bleiben, wenn sie sich der bitteren Tatsache stellt: Es waren die Schwäche und Uneinigkeit des Westens und die Schutz- und Wehrlosigkeit der Ukraine, die von Putin als Aggressions-ermunterung (miss-)verstanden werden konnten, werden mussten![308]

Die Argumente von erfahrenen Politikern und engagierten Christen wie Wolfgang Thierse sind sicherlich ernst zu nehmen. Es gibt aber auch Gegenargumente. Und vor allem frage ich mich: Kann man radikalen Pazifist/innen wie Margot Käßmann oder Konstantin Wecker oder Papst Franziskus unterstellen, dass sie »kein empfind-liches Herz« haben oder dass es ihnen »vielleicht an Klugheit« fehlt?

In eine andere Richtung als Politiker wie Wolfgang Thierse oder Olaf Scholz denkt der Philosoph Richard David Precht (geb. 1964), der schon 2014 der NATO und der Europäischen Union vorgeworfen hatte, den Krieg im Donbass und die Krim-Annexion durch Russ-land indirekt provoziert zu haben. Am 11. März 2022 sagte er in einer ZDF-Sendung: »Wir müssen aufhören, emotional zu handeln und zur Vernunft zurückkehren.« Der Publizist und Philosoph forderte, »realpolitisch alles zu tun, um das Allerschlimmste zu verhindern«. Der Ukraine empfahl er, den Krieg nicht fortzusetzen, weil er nicht zu gewinnen sei. Hoffnung verspreche »nur ein schnelles Ende des Krieges mit einer neutralen Ukraine«.[309]

Erneut am 29. Juni 2022 verlangte Richard David Precht – gemeinsam mit der Schriftstellerin Juli Zeh und dem Wissenschaftsjournalisten Ranga Yogeshwar – in einem Appell mit dem Titel »Waffenstillstand jetzt!« einen »konzertierten Vorstoß« für Verhandlungen, um in einer Strategie zur möglichst raschen Beendigung des Krieges den Frieden in Europa wiederherzustellen und langfristig zu sichern. Allerdings heißt es auch: »Verhandlungen bedeuten nicht, wie manchmal angenommen wird, der Ukraine eine Kapitulation zu diktieren. Einen Diktatfrieden Putins darf es nicht geben.«[310]

Doch der damalige ukrainische Botschafter in Deutschland Andrij Melnyk, ohnehin ein rechtslastiger Hardliner,[311] reagierte auf Twitter empört und, man muss es so sagen, gehässig: »Nicht schon wieder, was für ein Haufen pseudo-intellektueller Versager.« Sie alle sollten sich endlich mit ihren »defätistischen Ratschlägen zum Teufel scheren«.[312]

3 Waffen für die Ukraine?

Einem militärischen *Sieg* der Ukraine über Russland wird seit dem Frühjahr 2022 von vielen Politikern und Journalisten der Vorrang gegeben vor der möglichst raschen *Beendigung* des Krieges. Aber was heißt hier ›Sieg‹? Aus ukrainischer Sicht natürlich der Abzug aller russischen Truppen – auch aus der Krim und dem Donbass. Nur – werden zuletzt nicht *alle*, ›Sieger‹ wie ›Besiegte‹, unter den Verheerungen des Krieges noch Jahrzehnte lang aufs Bitterste zu leiden haben?

Schon jetzt ist zu konstatieren: Auf russischer wie auf ukrainischer Seite hat es ungezählte Tote und seelisch oder körperlich schwer Verletzte gegeben. Und der materielle Schaden in der Ukraine beträgt bisher mehrere hundert Milliarden Euro. Zudem hat der Krieg die größte Ernährungskrise seit vielen Jahrzehnten ausgelöst. Die Folgen des Krieges haben Auswirkungen weit über Russland und die Ukraine hinaus. So ist die Ernährungssicherheit in Entwicklungsländern, vor allem in Afrika, massiv gefährdet. Durch den Krieg wird in vielen Ländern das Getreide knapp, es droht eine weltweite Hungerkatastrophe.

Es braucht dringend eine Exit-Strategie zur Beendigung des Ukraine-Kriegs. Für Abrüstung und für äußerste Zurückhaltung im Blick auf militärische Gewalt einzutreten, ist in Deutschland aber im Moment nicht besonders populär (obwohl laut Umfrage nur 14 Prozent der Deutschen gegen Verhandlungen mit Putin sind).[313] Es erforderte einigen Mut, wenn der fünfundsiebzigjährige Liedermacher Konstantin

Wecker im April 2022 auf die Frage, ob die Idee des Pazifismus gescheitert sei, zur Antwort gab:»Nein, und ich denke auch nicht daran, von meinen Grundideen abzuweichen. Klar wird jetzt immer die Frage aufgeworfen, ob Pazifismus in diesen Zeiten etwas bringt, weil man jetzt ja kriegerisch denken muss, wie viele fordern. Die Frage, die ich mir stelle, lautet aber: Warum ist der Menschheit noch nicht einmal annähernd gelungen, Frieden ohne Waffen zu schaffen?«[314] Konstantin Wecker bekräftigte:»Meine Funktion als Künstler ist, gerade jetzt aufzupassen, dass die utopische Idee nicht verschütt geht.«[315]

Bekanntlich lehnt auch die evangelische Theologin, Erfolgsautorin und ehemalige Ratsvorsitzende der EKD Margot Käßmann militärische Unterstützung für die Ukraine ab. Zum Vorwurf der unterlassenen Hilfeleistung meinte die frühere Bischöfin:»Natürlich kann ich auch dadurch schuldig werden, dass ich gegen militärisches Eingreifen argumentiere. Das war auch allen Pazifistinnen und Pazifisten in der Geschichte klar. Aber wenn jetzt beispielsweise gesagt wird: ›Frau Käßmann macht es sich leicht, vom sicheren Schreibtisch aus gegen Waffen zu plädieren‹, dann sage ich: Die anderen machen es sich genauso leicht, wenn sie vom sicheren Schreibtisch aus für den Waffeneinsatz stimmen.«[316]

Wie aber kann der Westen, wenn nicht militärisch, der Ukraine beistehen? Margot Käßmann sagte:»Ich habe darauf keine einfache Antwort über die humanitäre Versorgung der Flüchtlinge hinaus. Pazifisten plädieren allerdings für eine langfristige Friedenspolitik, in der vorher entschieden wird: ›Wir müssen jetzt deeskalieren, wir müssen verhandeln.‹«[317]

Durchaus ähnlich plädierte Bischof Friedrich Kramer, der Friedensbeauftragte der EKD, für Gewaltlosigkeit im Sinne Jesu:»Ich halte die Position, die unsere Bundesregierung vor ihrem Umschwenken hatte, für die bessere und sinnvollere und dem christlichen Friedensbild auch nähere. Nämlich zu sagen, wir liefern keine Waffen in Krisengebiete. (…) Wir müssen lernen, viel stärker auf den gewaltfreien Widerstand zu setzen, denn wir haben heute eine andere (…) zivilgesellschaftliche Mobilisierungsstruktur. Das kann in einer (…) intakten demokratischen Gesellschaft zu einer unwahrscheinlich starken Verteidigung führen.«[318]

Gegen die militärische und für die zivile Verteidigung spricht sich erwartungsgemäß auch die katholische Friedensbewegung ›Pax Christi‹ aus.[319] In einem – von Stephan Langer, dem Chefredakteur der katholischen Zeitschrift ›Christ in der Gegenwart‹, sehr begrüßten[320] – Offenen Brief vom 14. März 2022 erklärte zwar der Bundesvorstand von ›Pax Christi‹ den Mitgliedern:»Wir haben uns geirrt.« Langjährige Fehler in der Einschätzung von Putins Politik werden im Offenen Brief durchaus eingeräumt. Trotzdem hält ›Pax Christi‹ an der»Option der Gewaltfreiheit« fest. Einerseits wird nicht bestritten, dass wir »in einem Dilemma« stehen; andererseits betont die katholische Friedensbewegung ihre Sorge über den Paradigmenwechsel, den Bundeskanzler Olaf Scholz für die deutsche Außen- und Sicherheitspolitik verkündet hat.

Entschieden lehnt ›Pax Christi‹ die massive Umlenkung von Steuergeldern für das Militär als»Schritt in die falsche Richtung« ab.[321] Und auch der Mainzer Bischof Peter Kohlgraf, der Präsident der deutschen ›Pax Christi‹-Sektion, sieht verstärkte Waffenlieferungen an die Ukraine sehr kritisch.[322]

4 Schwierige Fragen

Gewiss ist es verständlich, dass führende ukrainische Politiker nach militärischer Hilfe verlangen. Wenn man angegriffen wird, will man sich zur Wehr setzen. Und wenn man dabei nicht erfolgreich ist, will man dem Angreifer möglichst massive Schäden zufügen. Ja, der Wunsch nach Rache ist menschlich! Aber er ist auf keinen Fall christlich und auch nicht vernünftig. Für mich steht fest: Handlungen, die dem Rache- und Vergeltungsmotiv entspringen, sind ethisch immer zu verurteilen.

»Pazifismus« ist für manche ein Schimpfwort. ›Pax Christi‹ indessen und andere Organisationen beklagen das vielfache Leid der vom Krieg betroffenen Menschen, aber auch das Wettrüsten, das (anzunehmende) Treiben der Rüstungslobby im Hintergrund, die Durchhalteparolen der politisch Verantwortlichen, die Ausgabe von Riesensummen für die nationalen Streitkräfte. Das Geld fehlt dann natürlich an anderer Stelle. Klimapolitik, Umweltschutz, soziale Gerechtigkeit und andere wichtige gesellschaftspolitische Aufgaben geraten noch mehr ins Hintertreffen als bisher. Ist das nun wirklich alternativlos?

Kann man mit unfriedlichen Mitteln einen echten Frieden erreichen? Kann die Lieferung von Maschinengewehren, Luftabwehrraketen, Haubitzen und Panzern das Blutvergießen in der Ukraine verringern? Können die »schweren Waffen« des Westens tatsächlich das Blatt zugunsten der Ukraine wenden? Wobei, meiner Meinung nach, die Unterscheidung von »schweren« und nicht so schweren Waffen in diesem Zusammenhang wenig sinnvoll ist. Es ist eine Grundsatzfrage: Soll der Westen die Ukraine überhaupt mit Kriegsgerät unterstützen?

Tragen Waffen für die Ukraine nicht in sich schon den Keim eines neuen Unfriedens, eines neuen Krieges, einer explosiven Konfrontation der Atommächte? Zwar bin ich kein Militärexperte und kann die theoretische Möglichkeit nicht völlig ausschließen, dass westliche Militärhilfe den Krieg in der Ukraine zu verkürzen und Menschenleben zu retten vermag. Aber ich habe da meine erheblichen Zweifel; mein Unbehagen, meine Skepsis bleibt bestehen.

Ja, ich frage mich: Geht es den Befürwortern eines militärischen Abwehrkampfs mit allen Mitteln wirklich um die Rettung von Menschenleben, um die Verringerung des Blutvergießens? Oder geht es ihnen viel eher um ein politisches Signal? Um das unbedingte Verhindern eines Putin-Triumphs? Und um die Rückeroberung von Land – auch um den Preis von ungezählten Toten und Verstümmelten und Traumatisierten?

Ich kann es verstehen, wenn man sagt: Das brutale Gesetz vom Recht des Stärkeren darf sich nicht durchsetzen. Ich meine ja auch: Es kann nicht sein, dass ein Imperialist wie Putin souveräne Länder ungestraft unter seine Herrschaft zwingen darf. Was also ist in dieser schwierigen Situation zu tun? In jedem Fall sind humanitäre Hilfe angesagt, die Aufnahme und Betreuung von Flüchtlingen, auch einschneidende wirtschaftliche Sanktionen gegen das russische Regime, auch eine internationale Isolierung des russischen Staatsapparats. Grundsätzlich halte ich aber daran fest: Alles, was geeignet ist, die Zahl der Toten, der Verletzten, der Flüchtlinge zu verringern, ist ethisch geboten. Und alles, was dazu führen könnte, das Elend der Menschen zu vergrößern, ist zu verwerfen.

Welches Handeln oder Nichthandeln vergrößert oder verringert das Leid? Ich gebe zu, diese Frage ist nicht leicht zu beantworten. Es ist in manchen Situationen schwer vorhersehbar, welches Tun oder Lassen am Ende den größeren Schaden bewirkt. In dieser Unsicherheit liegt ja gerade das Dilemma, in das uns der Ukraine-Krieg geführt hat.

Könnte mir jemand plausibel erklären, dass deutsche Panzer in der Ukraine das Leid der Menschen, der Kinder und Frauen, beenden, dann wäre ich auch für die Panzer. Ich kann es zwar nicht beweisen, aber ich halte es für ziemlich wahrscheinlich: Je mehr Waffen in die Ukraine gelangen, umso länger wird der Krieg dauern und umso größer wird das menschliche Elend sein, das er produziert.[323]

5 Die Rolle des Patriarchen Kyrill

Auf keinen Fall kann ich glauben, dass die Fortsetzung des Krieges in der Ukraine mit der Botschaft Jesu in Einklang zu bringen sei. Russland ist, so wird oft gesagt, ein christliches Land. Könnte und müsste also der Glaube an das Evangelium Jesu, an die Friedensbotschaft des gekreuzigten und auferstandenen Herrn, nicht der beste Weg sein, die Gewalt zu beenden?

Doch unbegreiflicherweise – absolut verantwortungslos, dem Geist der Verkündigung Jesu ganz und gar zuwider – wird Putins Imperialismus noch mächtig unterstützt durch einen einflussreichen Kirchenmann: den unbeirrt kremltreuen Patriarchen der Russisch-orthodoxen Kirche Kyrill I. (geb. 1946). Dieser angepasste Hoftheologe des russischen Alleinherrschers legitimierte am 6. März 2022 den Krieg gegen die Ukraine als »metaphysischen Kampf des Guten gegen das Böse«.

Kyrill predigte, dass die Befreiung der von den Ukrainern im Donbass – angeblich – unterdrückten Russen sowie die militärische Verteidigung der christlich-orthodoxen Welt gegen den Einfluss des sündigen, moralisch dekadenten Westens erforderlich seien. Von den weltlichen wie von den kirchlichen Potentaten Russland wird die Religion aufs Neue dazu missbraucht, den Krieg moralisch zu rechtfertigen: Die geheiligte Heimat gelte es wiederzugewinnen, und westliche Laster wie die Homosexualität müssten besiegt werden. »Christliche Orthodoxie und politischer Nationalismus gehen Hand in Hand.«[324]

Ein absurdes, ein verstörendes Bild wurde am orthodoxen Ostersonntag (dem 24. April 2022) im Fernsehen ausgestrahlt: Patriarch Kyrill I. und seine bischöflichen Konzelebranten feiern in der Moskauer Erlöserkathedrale die Liturgie der Osternacht, in prachtvollen Gewändern, mit viel Weihrauch, viel Zeremoniell und frommem Gesang. Wladimir Putin steht nahe am Altar, hält eine brennende Osterkerze in der friedliebenden Hand und bekreuzigt sich salbungsvoll mit der anderen Hand. Der katholische Publizist Stephan Langer bemerkte zu diesem Sakrileg: »Das elementare Erkennungszeichen, unter dem alle Christen stehen, derart missbraucht, ja entweiht!«[325]

Allerdings verweigern manche russische Bischöfe ihrem Patriarchen Kyrill die Gefolgschaft. Seit langem besteht ein tiefer innerorthodoxer Konflikt auch innerhalb des ukrainischen Staatsgebiets.[326] Durch die Deklaration der Eigenständigkeit der ukrainischen Orthodoxie und deren Unterstützung durch das Ehrenoberhaupt der Weltorthodoxie, den Ökumenischen Patriarchen Bartolomaios I. von Konstantinopel, fühlt sich Kyrill I. in seinem Macht- und Primatsanspruch bedroht und gedemütigt. Denn entgegen der Haltung Kyrills I. setzt sich

Bartolomaios I., in einer Ökumene des Friedens, konstruktiv für die Zusammenarbeit der orthodoxen Kirchen und – gemeinsam mit Papst Franziskus – für den Weltfrieden ein.

6 Die ›Ohnmacht und Notwendigkeit des Religiösen‹

Seit Beginn seines Pontifikats kämpft Papst Franziskus unermüdlich für den Frieden in der Welt – und so auch für den Frieden zwischen Russland und der Ukraine. Ein viel beachtetes Zeichen setzte der Papst am Karfreitag 2022 beim traditionellen Kreuzweg am Kolosseum in Rom. Zwei Freundinnen, eine Russin und eine Ukrainerin, trugen gemeinsam das Kreuz zur 13. Station – wo der Kreuzigung Jesu gedacht wird.

Nicht bei allen Leuten, auch nicht bei allen Christen, kam diese Versöhnungsgeste gut an. Besonders ukrainische Politiker hielten diese Freundschafts- und Friedenssymbolik für unpassend oder verfrüht und protestierten dagegen im Vorfeld.

Schon des Öfteren wurde Franziskus als unbelehrbarer Pazifist oder gar als Putin-Versteher diffamiert. Tatsächlich *muss* man, wenn man mit Putin ernsthaft verhandeln will,[327] versuchen, ihn und seine möglichen Ängste zu verstehen – auch wenn man seine Aggressionen und seine Eroberungspläne als verbrecherisch einstuft. Zum Verdruss der meisten westlichen Politiker äußerte sich der Papst in einem Interview Anfang Mai 2022 sehr kritisch zur NATO und zu Waffenlieferungen an die Ukraine. Im Rückblick auf die Vorgeschichte des Krieges prangerte er das »Bellen der Nato an der Türe Russlands« an.[328] Und am 14. Juni 2022 gab er den europäischen Jesuiten-Zeitschriften ein brisantes, sehr umstrittenes Interview: Man solle sich vom »Rotkäppchen-Schema« lösen, demzufolge Rotkäppchen (die Ukraine und der Westen) »gut« und der Wolf (Russland) der einzige »Bösewicht« sei. Der Papst sagte: »Ich bin einfach dagegen, die Komplexität auf die Unterscheidung zwischen Guten und Bösen zu reduzieren, ohne über die Wurzeln und Interessen nachzudenken, die sehr komplex sind.«[329]

Was die Beurteilung des Ukraine-Kriegs und seiner Vorgeschichte angeht, stimmt Franziskus wohl überein mit linken Politiker/innen wie Sarah Wagenknecht oder Oskar Lafontaine oder Gregor Gysi. Allein schon deshalb zeigten sich die meisten westlichen Medien über die Ansichten des Papstes irritiert bis entsetzt.[330]

Doch nicht nur Franziskus und nicht nur linke Politiker/innen reden von der Angst Wladimir Putins und dessen Sicherheitsbedürfnis gegenüber der NATO. Ganz ähnlich äußerte sich auch der prominente Theologe und Psychotherapeut Eugen Drewermann in einem Interview in der ›Evangelischen Zeitung‹.[331] Der katholische Theologe und Religionswissenschaftler Peter Eicher hingegen, ein langjähriger Weggefährte Drewermanns, widersprach dem verehrten Kollegen sehr heftig in einem Offenen Brief vom 29. April 2022.[332]

Schon in seinem provozierenden Buch ›Der Krieg und das Christentum. Von der Ohnmacht und Notwendigkeit des Religiösen‹ (1982) sah Drewermann in der *Angst* die eigentliche Ursache von Krieg und Gewalt.[333] Zu *überwinden* ist die Gewalt nach Drewermann allein durch die angstfreie und gewaltlose Haltung Jesu Christi:

> Was aber ist, wenn die »Wölfe« zubeißen und die Friedfertigkeit die Gewalt geradezu provoziert? Im Sinne der Religion gibt es darauf nur die Antwort, die Christus bei seiner Gefangennahme dem Petrus gab: »Stecke dein Schwert in die Scheide!« (Mt 26,52) Wenn nicht einmal Er sich hat verteidigen lassen, so darf und kann es für einen Christen an sich keinen Wert, kein Gut geben, das mit Waffengewalt zu verteidigen wäre, und stünde es ihm auch noch so hoch. Keine Lehre vom »gerechten« Krieg kommt an diesem Tatbestand vorbei.[334]

Nicht jeder denkt so friedlich wie Drewermann oder Franziskus. Aber zumindest müsste es möglich sein, den Kriegsdienst aus Gewissensgründen zu verweigern und einen Ersatzdienst in sozialen Einrichtungen zu leisten. In vielen demokratischen Ländern besteht dieses Recht – nicht so in Russland und in der Ukraine. Junge Männer, die im Kriegsfall nicht zur Waffe greifen, werden dort hart bestraft.[335] Christlich ist diese Praxis gewiss nicht.

Ich fasse zusammen: Wie ja wohl deutlich wurde, glaube ich nicht, dass die Aufrüstung der Ukraine durch westliche Staaten der beste, der alternativlos richtige Weg ist. Ich glaube auch nicht, dass die Ukraine mit mehr Waffen als Sieger gegen Russland hervorgehen wird und die zweifellos bestehenden Probleme mit dem russischstämmigen Bevölkerungsanteil auf diese Art gelöst werden können. Nein, dies wird nur diplomatisch möglich sein mit beiderseitigen Kompromissen.

Ein übertriebener Nationalstolz und ein falsch verstandenes Heldentum sind dem Frieden nicht dienlich. Jedenfalls muss die europäische Entspannungspolitik der 1960er bis 1980er Jahre – die auch der Realpolitiker Wolfgang Thierse noch immer »für eine Erfolgsgeschichte« hält[336] – erneut aufgegriffen und weitergeführt werden. Umsichtige Publizisten, etwa der SZ-Redakteur Heribert Prantl, mahnen schon seit März 2022: Um den Krieg zu beenden, muss Europa mit Putin neu verhandeln.[337] Nur eine weiterentwickelte Kultur des Friedens wird die Menschheit retten.

»Schwerter zu Pflugscharen«, dieses Motto muss auch künftig, als Vision, das Ziel der Politik bleiben. Immerhin hat Putin seit Februar 2022 mehrmals gesagt, er sei bereit, neue Abrüstungsverhandlungen aufzunehmen. Da sollte ihn der Westen beim Wort nehmen. »Also wird es« – wie Wolfgang Thierse schrieb – »wieder neu um das mühselige Geschäft von Abrüstungsanstrengungen (…) gehen, um effektive Transparenz- und Kontrollregeln, vor allem für Atomwaffen, für biologische und chemische Kampfstoffe, für Cyberwaffen.«[338]

Und welche Bedeutung könnte dem Glauben an einen Gott der *Liebe* und dem Ernstnehmen der Bergpredigt *Jesu* bei unseren Friedensbemühungen zukommen? Einen Krieg kann man nicht wegdemonstrieren und auch nicht wegbeten. Das religiöse Denken und Fühlen scheint ohnmächtig zu sein in unserer Welt. Und doch ist die Religion – mit Eugen Drewermann gesprochen – »notwendig«, um einen Frieden zu schaffen, der mehr ist als nur das Schweigen der Kanonen.[339]

Deshalb stimme ich dem katholischen Theologen Thomas Söding gerne zu: »Nach Wegen des Friedens, des Ausgleichs, der Versöhnung zu suchen, auch wenn kein Idealzustand erreicht, sondern nur Gewalt minimiert werden kann, ist ein Gebot politischer Ethik, das im *Glauben* ebenso tief verwurzelt ist wie in der *Vernunft*.«[340]

Anmerkungen

1   Dies liegt natürlich auch daran, dass Wissenschaften wie Soziologie zuvor gar nicht existierten und andere wie Anthropologie, Architektur, Wirtschaft oder Jura nicht auf die Historie angewandt wurden. Eine interdisziplinäre Forschung gibt es erst seit Mitte des 20. Jahrhunderts.

2   Vgl. z.B. Johan Galtung: Frieden mit friedlichen Mitteln. Frieden und Konflikt, Entwicklung und Kultur. Opladen 1998.- In Deutschland bekannter ist heutzutage das 1966 von der schwedischen Regierung in Stockholm gegründete SIPRI-Institut für Friedensforschung.

3   Heraklit: Fragment 53; zit. nach Hermann Diels: Die Fragmente der Vorsokratiker. Hamburg 1957, S. 27.

4   Isabel Allende: Inés meines Herzens. Aus dem Spanischen von S. Becker. Frankfurt a.M. 2007, S. 305.

5   Horaz: carmen 3,2.

6   Thomas Söding: Der Krieg fordert Opfer. Werden sie es bleiben? In: Christ in der Gegenwart. 74. Jg. (13.3.2022), S. 3.

7   Nach ebd.

8   Eugen Drewermann: Der Krieg und das Christentum. Von der Ohnmacht und Notwendigkeit des Religiösen. Regensburg 1991, S. 15.

9   Vgl. Dieter Senghaas (Hg.): Den Frieden denken. Si vis pacem, para pacem. Frankfurt a.M. 1995.

10   Vgl. Wassilios Aswestopoulos: Mikis Theodorakis. Komponist, Friedensstifter, Volksheld. Basel 2018.

11   Ernst Ulrich von Weizsäcker in einem Interview mit Wolfgang Schütz. In: Augsburger Allgemeine Nr. 134 (13.6.2022), S. 8.

12   Florian Illies: Liebe in Zeiten des Hasses. Chronik eines Gefühls. 1929–1939. Frankfurt a.M. 2021, S. 92.

13 Das Gemälde befindet sich heute in der Galerie Neue Meister in Dresden.

14 Heute ist dieses Werk im Museum of Modern Art in New York aufbewahrt.

15 Heute befindet sich das Gemälde im Museo Reina Sofia in Madrid.

16 Vgl. Max Imdahl: Picassos Guernica. Eine Kunst-Monographie. Frankfurt a.M. 1985.

17 Vgl. z.B. Albrecht Dürer. Die Apokalypse. Mit einem Essay von Ludwig Grote. München 1999.

18 Titus Maccius Plautus: Asinaria, 495.

19 Drewermann, wie Anm. 8, S. 45.

20 Stephan Langer: Erschütterungen. In: Christ in der Gegenwart. 74. Jg. (1.5.2022), S. 1.

21 Heinrich Bedford-Strohm: »Denn auch ihr seid Fremdlinge gewesen …« In: Christ in der Gegenwart. 74. Jg. (20.3.2022), S. 3.

22 Die Maxime »sine ira et studios« (»ohne Zorn und Eifer«) geht auf den römischen Historiker Tacitus (Annalen 1,1) zurück. Tacitus selbst hat sich an seinen Grundsatz freilich nicht immer gehalten, er ergriff oft Partei in seiner Geschichtsschreibung.

23 Ludger Schwienhorst-Schönberger: An den Strömen Babylons. In: Christ in der Gegenwart. 74. Jg. (13.3.2022), S. 7.

24 Vgl. Drewermann: Der Krieg und das Christentum, wie Anm. 8, S. 199.

25 Vgl. unten Kap. V.11.

26 Drewermann, wie Anm. 8, S. 198.

27 Ebd., S. 200.

28 Vgl. unten Kap. II.

29 Schwienhorst-Schönberger: An den Strömen Babylons, wie Anm. 23, S. 7.

30 Ludger Schwienhorst-Schönberger: Gottes Zorn. In: Christ in der Gegenwart. 74. Jg. (27.3.2022), S. 7.

31 Ebd.

32 Herbert Vorgrimler: Neues Theologisches Wörterbuch. Freiburg 2000, S. 229.

33 Vgl. Herbert Haag: Der Gottesknecht bei Deuterojesaia. Darmstadt 1985; Bernd Janowski/Peter Stuhlmacher (Hg.): Der leidende Gottesknecht. Jes 53 und seine Wirkungsgeschichte. Tübingen 1996.

34 Vorgrimler, wie Anm. 32, S. 88f.

35 Joachim Gnilka: Das Matthäusevangelium 1. Teil. Herders theologischer Kommentar zum Neuen Testament. Bd. I.1. Freiburg 1986, S. 154.

36 Vorgrimler, wie Anm. 32, S. 88f.; Hervorhebungen von mir.

37 Drewermann, wie Anm. 8, S. 201.

38 Ebd., S. 202.

39 Vgl. Jan Ole Wiechmann: Der Streit um die Bergpredigt. Säkulare Vernunft und religiöser Glaube in der christlichen Friedensbewegung in der Bundesrepublik Deutschland (1977–1984). Bonn 2011.

40 Vgl. z.B. Heinrich Schlier: Der Römerbrief. Herders theologischer Kommentar zum Neuen Testament. Bd. VI. Freiburg 1977, S. 386-393; Eilert Herms: Zwei-Reiche-Lehre/Zwei-Regimenten-Lehre. In: Religion in Geschichte und Gegenwart. Bd. 8. Tübingen 2005, Sp. 1936-1941.

41 Schlier, wie Anm. 40, S. 389.

42 Ebd., S. 393.

43 Gnilka, wie Anm. 35, S. 394.

44 Thomas Söding: Der Krieg fordert Opfer. Werden sie es bleiben? In: Christ in der Gegenwart. 74. Jg. (13.3.2022), S. 3.

45 Ebd.

46 Ebd.

47 Vgl. Hermann Wohlgschaft: Unsterbliche Paare. Eine Kulturgeschichte der Liebe. 3 Bände. Würzburg 2015/2016.

48 Vgl. Martin Baumeister u.a. (Hg.): Menschenrechte in der katholischen Kirche. Historische, systematische und praktische Perspektiven. Paderborn 2018.

49 Karl Rahner: Kirche der Sünder. In: Ders.: Schriften zur Theologie VI. Einsiedeln/Zürich/Köln 1965, S. 301-320; ders.: Sündige Kirche nach den Dekreten des Zweiten Vatikanischen Konzils. In: Ebd., S. 321-347.

50 Nach Alexander Demandt: Alexander der Große. Leben und Legende. München 2009.- Nach Robin Lane Fox: Die Suche nach Alexander. Braunschweig 1990, S. 149, waren Kreuzigungen vor allem bei den Syrern üblich.

51 Den Primärquellen (Diodor, Curtius, Justin) ist nichts Entsprechendes zu entnehmen.

52 Allerdings setzte Alexander in den von ihm gegründeten Städten Herrscher ein, die eine stabile Regierung und damit ein geregeltes Alltagsleben ermöglichen sollten.

53 Vgl. Fox: Die Suche nach Alexander, wie Anm. 50, S. 311.- Vgl. ders.: Alexander der Große. Eroberer der Welt. Stuttgart 2005.

54 Nach Demandt, wie Anm. 50, S. 329ff.; Fox: Alexander der Große, wie Anm. 53, S. 551-554.

55 Vgl. Klaus Wengst: Pax Ronana. Anspruch und Wirklichkeit. Erfahrungen und Wahrnehmungen des Friedens bei Jesus und im Urchristentum. München 1986.

56 Die Historizität des – nach Tacitus – von Nero inszenierten, den Christen zugeschobenen Brandes Roms wird allerdings von manchen modernen Historikern angezweifelt.

57 Diese Legende geht auf den Bischof und Kirchenschriftsteller Eusebius von Caesarea zurück.

58 Vgl. Mischa Meier: Die Teilung des Römischen Reiches in Ost und West. In: M. Puhle/G. Köster (Hg.): Otto der Große und das Römische Reich. Kaisertum von der Antike bis zum Mittelalter. Magdeburg 2012; Ralph-Johannes Lilie: Byzanz und die Kreuzzüge. Stuttgart 2004.

59 Hans-Georg Beck: Kirche und Klerus im Staatlichen Leben von Byzanz. In: Revue des études byzantines. 1966, S. 11.- Vgl. ders.: Geschichte der orthodoxen Kirche im byzantinischen Reich. Göttingen 1980.

60 Vgl. Franz Dünzl: Kleine Geschichte des trinitarischen Dogmas in der Alten Kirche. Freiburg 2006; Wolf-Dieter Hauschild/ Volker Henning Drecoll: Lehrbuch der Kirchen- und Dogmengeschichte. Bd. 1: Alte Kirche und Mittelalter. Gütersloh 2016.

61 Vgl. oben Kap. I.

62 Vgl. Franz J. Felten (Hg.): Bonifatius – Apostel der Deutschen. Mission und Christianisierung vom 8. bis ins 20. Jahrhundert. Stuttgart 2004.

63 Vgl. Hermann Wohlgschaft: Unsterbliche Paare. Eine Kulturgeschichte der Liebe. Bd. 1. Würzburg 2015, S. 147ff.

64 David Fraesdorff: Herrscher des Mittelalters. Von Karl dem Großen bis Isabella von Kastilien. Hildesheim 2008, S. 9f.

65 Dazu Peter Rummel: Ulrich von Augsburg. Bischof, Reichsfürst, Heiliger. Augsburg 1992.

66 So lautete die Original-Diktion des deutschen Kaisers Wilhelm II.; vgl. unten Kap. II.9.

67 Ludwig Schmugge: »Deus lo vult?« Zu den Wandlungen der Kreuzzugsidee im Mittelalter. In: K. Schreiner/E. Müller-Luckner (Hg.): Heilige Kriege. Religiöse Begründungen militärischer Gewaltanwendung. Judentum, Christentum und Islam im Vergleich. München 2008, S. 96.

68 Friedrich Heer: Die Kreuzzüge – gestern, heute, morgen. Frankfurt a.M. 1969; zit. nach Schmugge, wie Anm. 67, S. 94.

69 Genaueres bei Schmugge, wie Anm. 67, S. 98.

70 Ebd., S. 101.

71 1492 wurden die letzten Mauren aus Spanien vertrieben, die Reconquista war damit abgeschlossen.

72 Zit. nach Erich Garhammer: Es gibt kein Jenseits des Volkes. In: zur debatte 1/2022, S. 45f.

73 Martin Luther: Ob Kriegsleute in seligem Stande sein können (1526); zit. nach Giacomo Francini: Die Lehre vom gerechten Krieg nach Thomas von Aquin. Seminararbeit 2009.

74 Isabel Allende: Inés meines Herzens. Aus dem Spanischen von S. Becker. Frankfurt a.M. 2007, S. 104.

75 Ebd., S. 103.

76 Vgl. Vitus Huber: Die Konquistadoren. Cortés, Pizarro und die Eroberung Amerikas. München 2019.

77 Auch jeder andere Einwanderer durfte in den spanischen und portugiesischen Gebieten siedeln, er musste nur katholisch sein.- Durch die Nord-Süd-Trennlinie durch den Atlantik, ungefähr dem 47. Längengrad, wurde das westlich davon liegende Gebiet Spanien, das östliche Portugal zugesprochen.

78 Die Bekämpfung der Katholiken in England, Schottland und besonders Irland durch den strengen Puritaner Oliver Cromwell in der Mitte des 17. Jahrhunderts wäre ebenfalls zu nennen.

79 Vgl. Julien Coudy (Hg.): Die Hugenottenkriege in Augenzeugenberichten. Düsseldorf 1965.

80 Vgl. Johannes Arndt: Der Dreißigjährige Krieg 1618–1648. Stuttgart 2009.

81 Besonders England und Frankreich ging es auch um die Schwächung des Habsburger-Reiches und damit einhergehend die Übernahme spanischer Kolonien, den Erwerb neuer Kolonien in Afrika und Asien sowie besonders die Eroberung Nordamerikas.

82 Ralf Rothmann: Der Gott jenes Sommers. Berlin 2018, S. 54.

83 Vgl. Hanne Egghardt: Prinz Eugen. Der Philosoph in Kriegsrüstung. Wien 2007; Eckhard Leuschner/Thomas Wünsch (Hg.): Das Bild des Feindes. Konstruktion von Antagonismen und Kulturtransfer im Zeitalter der Türkenkriege. Berlin 2013.

84 Das Gemälde befindet sich heute in der historischen Galerie des Schosses Versailles in Paris.

85 Auch wirtschaftlich gesehen waren die deutschen Kolonien ein Verlustgeschäft.

86 Vgl. Stefan Müller: Regellose Gewalt und Völkermord im Kongo. Eine humanitäre Katastrophe im Dunkel der Welt-öffentlichkeit. Wien 2012.

87 In: Joseph Kürschner (Hg.): China. Schilderungen aus Leben und Geschichte, Krieg und Sieg. Ein Denkmal den Streitern und der Weltpolitik. Leipzig 1901. 3. Teil, Sp. 196ff.

88 Gotthelf Hoffmann-Kutschke: Der alte Kutschke an seine Kameraden in China. Zit. nach Ekkehard Bartsch: ›Und Friede auf Erden!‹ Entstehung und Geschichte. In: Jahrbuch der Karl-May-Gesellschaft 1972/73. Hg. von C. Roxin. Hamburg 1972, S. 103.

89 Zit. nach ebd., S. 101f.

90 Vgl. z.B. Holger Afflerbach: Auf Messers Schneide. Wie das Deutsche Reich den Ersten Weltkrieg verlor. München 2018.

91 Vgl. Nikolaus Nowak: Neue Quellen über Papst Pius XI. und Francos Krieg. In: Die Welt (28.1.2008, S. 29); dagegen Hubert Wolf: Francos Putsch und Papstes Segen. In: Frankfurter Allgemeine Zeitung (10.9.2011, S. Z 3).

92 Der katholische Kirchenhistoriker Hubert Wolf initiierte das Projekt ›Der Vatikan und die Legitimation physischer Gewalt. Das Beispiel des Spanischen Bürgerkriegs (1936–1939)‹.

93 Silke Hensel/Hubert Wolf (Hg.): Die katholische Kirche und Gewalt. Europa und Lateinamerika im 20. Jahrhundert. Köln 2013.

94 Japan kapitulierte erst im September 1945 – nach dem Bombenabwurf auf Hiroshima und Nagasaki.

95 Vgl. Maria Anna Zumholz/Michael Hirschfeld (Hg.): Zwischen Seelsorge und Politik. Katholische Bischöfe in der NS-Zeit. Münster 2017.

96 Nach Peter Löffler (Hg.): Bischof Clemens August Graf von Galen – Akten, Briefe und Predigten 1933 – 1946. Paderborn/München/Wien/Zürich 1996, S. 901f.

97 Dazu Joachim Heinz: »Ein Schuldbekenntnis«. Bischöfe veröffentlichen Erklärung zum Zweiten Weltkrieg. Domradio (29.4.2020).

98 Vgl. z.b. Georg Denzler/Volker Fabricius (Hg.): Christen und Nationalsozialisten. Frankfurt a.m. 1993.

99 Vgl. Marlène Schnieper: Nakba – die offene Wunde. Die Vertreibung der Palästinenser 1948 und die Folgen. Zürich 2012.

100 Vgl. Otto Frank: Der Nordirlandkonflikt. Ursprung, Verlauf, Perspektiven. München 2005.

101 Vgl. Malte Olschewski: Von den Karawanken bis zum Kosovo. Die geheime Geschichte der Kriege in Jugoslawien. Wien 2000.

102 Vgl. z.b. Stephan Bierling: Geschichte des Irakkriegs. Der Sturz Saddams und Amerikas Albtraum im Mittleren Osten. München 2010.

103 Marcus Tullius Cicero: De officiis. Vom pflichtgemäßen Handeln. Lateinisch und Deutsch. Übersetzt, kommentiert und hg. von Heinz Gunermann. Stuttgart 1976, S. 35.

104 Vgl. Nils Kluger: Thomas von Aquin und der bellum iustum. Eine Betrachtung der Theorie des gerechten Krieges unter dem Aspekt des Religionskrieges. Diplomarbeit 2006.

105 Cicero, wie Anm. 103.

106 Ebd.

107 Origenes: Contra Celsum IV,82; VIII,73.- Zum Folgenden vgl. Giacomo Francini: Die Lehre vom gerechten Krieg nach Thomas von Aquin. Seminararbeit 2009.

108 Vgl. Ambrosius: De officiis ministrorum 1, 36.129.179.

109 Nach Schmugge, wie Anm. 67, S. 97.

110 Vgl. Timo J. Weissenberg: Die Friedenslehre des Augustinus. Theologische Grundlagen und ethische Entfaltung. Stuttgart 2005.

111 Vgl. zum Ganzen Hans-Joachim Heintze/Annette Fath-Lihic (Hg.): Kriegsbegündungen. Wie Gewaltanwendung und Opfer gerechtfertigt werden sollten. Bochum 2007.

112 Vgl. Gerhard Beestermöller: Thomas von Aquin und der gerechte Krieg. Friedensethik im theologischen Kontext der Summa Theologiae. Köln 1990.

113 Thomas von Aquin: Summa theologica II/II, quaestio 39, a 4.- Seine systematische Lehre vom gerechten Krieg entwickelt Thomas ebd, quaestio 40.

114 Decretum Gratiani, Causa 23, quaestio 2.

115 Vgl. Schmugge, wie Anm. 67, S. 97.

116 Vgl. oben Kap. II.4.

117 Nach Schmugge, wie Anm. 67, S. 99.

118 Vgl. Herbert Vorgrimler: Neues Theologisches Wörterbuch, wie Anm. 32, S. 229.

119 Über die Kriterien für eine »Verhältnismäßigkeit der Mittel« wird allerdings bis heute gestritten.

120 Eugen Drewermann: Der Krieg und das Christentum, wie Anm. 8, S. 135ff.

121 Nach Georg Meggle: Gerechte Kriege. Die Philosophie und die Ideologie. Leipzig 2002, S. 1-3.

122 Vorgrimler, wie Anm. 32, S. 229.

123 Stefanie A. Wahl u.a. (Hg.): Papst Franziskus: Mensch des Friedens. Zum friedenstheologischen Profil des aktuellen Pontifikats. Freiburg 2022.

124 Vgl. Zweites Vatikanisches Konzil: Die pastorale Konstitution über die Kirche in der Welt von heute »Gaudium et spes«, Art. 42.

125 Zweites Vatikanisches Konzil: Die Erklärung über die Religionsfreiheit »Dignitatis humanae«.

126 »Gaudium et spes«, wie Anm. 124, Art. 80.

127 Ebd., Art. 81 (Hervorhebung von mir).

128 Ebd., Art. 82.

129 Papst Pius XII.: Mirabile illud. Zit. nach Herder-Korrespondenz 5.Jg. 1950/51, S. 188f.

130 Vgl. »Gaudium et spes«, wie Anm. 124, Art. 41.

131 Papst Johannes XXIII.: Pacem in terris, Art. 109-113.

132 Markus Vogt: Friedens-Bewegungen. In: Christ in der Gegenwart. 74. Jg. (1.5.2022), S. 3.

133 Papst Johannes XXIII.: Pacem in terries, Art. 114.

134 Vgl. Josef Senft: Über die weltweite soziale Verantwortung der Kirche und den Fortschritt der Völker. Zwei Enzykliken im Vergleich. In: Karl Gabriel u.a. (Hg.): Die gesellschaftliche Verantwortung der Kirche. Zur Enzyklika Sollicitudo rei socialis. Düsseldorf 1988, S. 58-70.- Vgl. zum Ganzen: Alexander Merkl/ Patrick Körbs/Bernhard Koch (Hg.): Die Friedensbotschaften der Päpste. Von Paul VI. bis Franziskus. Freiburg 2022.

135 Papst Johannes Paul II. in einer Rede vom 13.1.2003 vor dem Diplomatischen Corps im Vatikan; zit. nach einem Kathpress-Bericht von Ludwig Ring-Eifel (14.1.2003).

136 Katechismus der Katholischen Kirche. Oldenbourg/München/ Wien u.a. 1993, Art. 2312.

137 Ebd., Art. 2304 und 2308.

138 Ebd., Art. 2309; Hervorhebungen von mir.

139 Ebd., Art. 2310 und 2311; Hervorhebung von mir.

140 Ebd., Art. 2313.

141 Ebd., Art. 2314 und 2315; Hervorhebungen von mir.

142 Papst Benedikt XVI.: Selig, die Frieden stiften. Botschaft zum Weltfriedenstag am 1. Januar 2013 (datiert vom 8.12.2012).

143 Ebd.

144 Ebd.; Hervorhebungen von mir.

145 Ebd.; Hervorhebung von mir.

146 Papst Franziskus: Fratelli tutti, Art. 256-258.

147 Ebd., Art. 258-259.

148 Ebd., Art. 261.

149   Eberhard Schockenhoff: Kein Ende der Gewalt? Friedensethik für eine globalisierte Welt. Freiburg 2018; vgl. ders.: Frieden auf Erden? Weihnachten als Provokation. Freiburg 2019.

150   Zum Pazifismus des Papstes Franziskus vgl. Stefanie A. Wahl u.a. (Hg.): Papst Franziskus, wie Anm. 123.

151   Markus Vogt: Christsein in einer fragilen Welt. Revisionen der Friedensethik angesichts des Ukrainekrieges. In: zur debatte 1/2022, S. 41.

152   Martin Pilgram: Grundlinien der Soziallehre sind nicht naiv. In zur debatte 2/2022, S. 16f.

153   Hirtenwort der deutschen katholischen Bischöfe ›Gerechter Frieden‹ (27.9.2000), Abschnitt II.2.

154   Ebd., Abschnitt III.4.2.

155   Vogt: Friedens-Bewegungen, wie Anm. 132, S. 3.

156   Dazu Vogt: Christsein in einer fragilen Welt, wie Anm. 151, S. 42.

157   Hirtenwort ›Gerechter Frieden‹, wie Anm. 153, Abschnitt III.4.2.

158   Presseerklärung vom 4.2.1994 zum Dokument ›Schritte auf dem Weg des Friedens‹ der Evangelischen Kirche in Deutschland.

159   Ebd.

160   Aus der Denkschrift des Rates der EKD ›Aus Gottes Frieden leben – für gerechten Frieden sorgen‹ (Oktober 2007).

161   Vgl. z.B. Wolfgang Huber: Rückkehr zur Lehre vom gerechten Krieg? Aktuelle Entwicklungen in der evangelischen Friedensethik. In: Zeitschrift für Evangelische Ethik 49 (2005), S. 113-130.

162   So Wolfgang Huber in einem Interview mit Evelyn Finger in DIE ZEIT (28.8.2014).

163   Zit. nach Klaus Hofmeister: Was würde Jesus dazu sagen? In: Publik-Forum. Extrathema Frieden. Mai 2022, S. 12.

164   Zit. nach ebd..

165 Immanuel Kant: Zum ewigen Frieden. Ein philosophischer Entwurf. 1795.- Vgl. Giacomo Francini: Die Lehre vom gerechten Krieg nach Thomas von Aquin. Seminararbeit 2009.

166 Carl von Clausewitz: Vom Kriege (Erstausgabe 1832). 16. Auflage. Vollständige Ausgabe im Urtext mit historisch-kritischer Würdigung von W. Hahlweg. Bonn 1952, S. 108 (1. Buch, 1. Kapitel, Abs. 24).

167 Vgl. z.b. Holger Nehring: Die Friedensbewegung. Münster 2008; Wolfram Beyer: Pazifismus und Antimilitarismus. Eine Einführung in die Ideengeschichte. Stuttgart 2012.

168 1864 wurde die Erste Genfer Konvention beschlossen, 1899 die Haager Landkriegsordnung für übernationale humanitäre ›Spielregeln‹ im Krieg.

169 Dazu Peter Imbusch/Ralf Zoll (Hg.): Friedens- und Konfliktforschung. Eine Einführung. Wiesbaden 2006.

170 Charta der Vereinten Nationen, Kap. 1, Art. 2.3f.

171 Vgl. z.B. Theodor Ebert: Opponieren und Regieren mit gewaltfreien Mitteln – Pazifismus – Grundsätze und Erfahrungen für das 21. Jahrhundert. Hamburg 2001; Jürgen Bruhn: Weltweiter ziviler Ungehorsam. Die Geschichte einer gewaltfreien Revolution. Baden-Baden 2018.

172 Vgl. Brigitte Hamann. Bertha von Suttner – Kämpferin für den Frieden. München 2015.

173 Der linksliberale Politiker, Historiker und Friedensnobelpreisträger (1927) Ludwig Quidde publizierte 1922 das Buch ›Die Geschichte des Pazifismus‹. Im März 2022 wurde dieses Buch im Literatur- und Wissenschaftsverlag Göttingen neu aufgelegt.

174 Zit. nach Hansotto Hatzig: Bertha von Suttner und Karl May. In: Jahrbuch der Karl-May-Gesellschaft 1971. Hg. von C. Roxin. Hamburg 1971, S. 247.

175 Ich zitiere nach der deutschen Übersetzung von Michael Kunze.

176 Die Musik zu Meinungers Text stammt von Ralph Siegel.

177 Vgl. Jan Feddersen: Ein Lied kann eine Brücke sein. Hamburg 2002, S. 194.

178 Nach Uwe Birnstein: Gitarren statt Knarren. In: Publik-Forum. Extrathema Frieden. Mai 2022, S. 22.

179 Nach ebd., S. 23.

180 Vgl. ebd., S. 20-23.

181 Tatsächlich litt der damals drogensüchtige Künstler Mitte der 1990er Jahre an Wahnvorstellungen.

182 Josef Karg: Pazifist und Revoluzzer. In: Augsburger Allgemeine Nr. 124 (2022), S. 2.- Vgl. unten Kap. VI.3.

183 Vgl. z.b. Elisabeth Möst: Konstantin Wecker wünscht sich eine spirituelle Revolution. Interview mit Konstantin Wecker. In: BR 24 (1.6. 2022).

184 Es existieren mehrere deutsche Übersetzungen.

185 Vgl. Martin Popoff: Wind Of Chance. Die Scorpion Story. Höfen 2016.

186 Vgl. Michael Heymel: Martin Niemöller. Vom Marineoffizier zum Friedenskämpfer. Darmstadt 2017.

187 Hier zit. nach Dorothee Sölle/Luise Schottroff: Den Himmel erden. Eine ökofeministische Annäherung an die Bibel. München 1996, S. 97f.

188 Vgl. L. Höhn/Th. Nauerth/E. Spiegel (Hg.): Frieden als katholische Aufgabe. Leben und Werk von Franziskus M. Stratmann OP. Freiburg 2022.

189 Drewermann: Der Krieg und das Christentum, wie Anm. 8, S. 104.

190 Ebd., S. 377.

191 Margot Käßmann/Konstantin Wecker (Hg.): Entrüstet euch! Warum Pazifismus für uns das Gebot der Stunde bleibt. Texte zum Frieden. Gütersloh 2015.

192   Zit. nach Uwe Birnstein: Krieg soll nach Gottes Willen nicht sein! Die Stimme des Pazifismus darf nicht verstummen. Ein Gespräch mit Margot Käsmann und Konstantin Wecker. In: Publik-Forum. Extrathema Frieden. Mai 2022, S. 8.

193   Ebd.

194   Vgl. oben Kap. III.8.

195   Vgl. oben Kap. III und unten Kap. VI.

196   Zit. nach Klaus Hofmeister: Was würde Jesus dazu sagen? In: Publik-Forum. Extrathema Frieden. Mai 2022, S. 11f.

197   Der Film ›Die Brücke‹ geht auf den gleichnamigen Roman (1958) von Gregor Dorfmeister zurück.

198   Dante Alighieri: Divina Commedia. Inferno, XII. Gesang, V. 46-139.

199   Wolfgang Beutin: Deutsche Literaturgeschichte. Stuttgart 2001, S. 119.

200   Andreas Gryphius: Tränen des Vaterlandes, anno 1636. In: Der neue Conrady. Das große deutsche Gedichtbuch von den Anfängen bis zur Gegenwart. Neu hg. und aktualisiert von K.O. Conrady. Regensburg 2001, S. 168.

201   Horst Bienek: Andreas Gryphius (1616–1664). Tränen des Vaterlandes, Anno 1636. In: R. Riedler (Hg.): Wem Zeit ist wie Ewigkeit: Dichter, Interpreten, Interpretationen. München/Zürich 1987, S. 17.

202   Johann Wilhelm Ludwig Gleim: Ausgewählte Werke. Hg. von W. Hettcher. Göttingen 2003, S. 81f.

203   Erich Garhammer: Es gibt kein Jenseits des Volkes. In: zur debatte 1/2022, S. 45 (Hervorhebung von mir).

204   Zit. nach ebd.

205   Vgl. Reiner Andreas Neuschäfer: Leider Leid – Friedensverantwortung und Kriegsgrausamkeiten. Zu Matthias Claudius' »Kriegslied«. In: R. Görisch (Hg.): Helle reine Kieselsteine. Gedichte und Prosa von Matthias Claudius mit Interpretationen, Husum 2015, S. 115-128.

206 Friedrich Schiller: Die Jungfrau von Orleans. Eine romantische Tragödie (1801). 1. Akt, 9. Auftritt.
207 Friedrich Schiller: Wallensteins Lager (1798). 6. Auftritt.
208 Friedrich Schiller: Wilhelm Tell (1804). 1. Akt, 2. Szene.
209 Ebd.
210 Dazu Kurt Oesterle: Die heimliche deutsche Hymne. In: Schwäbisches Tagblatt (15.11.1997).
211 Vgl. Hans Jürgen Hansen: Heil dir im Siegerkranz. Die Hymnen der Deutschen. Oldenburg 1978.
212 Ludwig Uhland: Der gute Kamerad. In: Ders.: Gedichte. Stuttgart/Tübingen 1815, S. 219.
213 Heinrich Heine: Die Grenadiere. In: Ders.: Buch der Lieder. Hamburg 1827, S. 58f.
214 Vgl. Hansen, wie Anm. 211.
215 Vgl. Ernst Fleischhack: Freiligraths Gedichte in Lied und Ton. Überblick und bibliographische Sammlung. Bielefeld 1990.
216 Unter dem Titel ›Der Trompeter von Mars-la Tour‹ wurde das Gedicht in der Zeitschrift ›Die Gartenlaube‹ (hg. von Ernst Keil. Leipzig 1872, Heft 34, S. 551f.) publiziert. Freiligrath selbst aber hat das Gedicht mit ›Die Trompete von Gravelotte‹ überschrieben.
217 Stefan Zweig: Tolstoi. In: Ders.: Baumeister der Welt. Berlin/Darmstadt/Wien, S.501-603.
218 Stefan Zweig: Geschichtsschreibung von morgen. In: Ders.: Die Monotonisierung der Welt. Aufsätze und Vorträge. Frankfurt a.M. 1976, S. 26.
219 Leo Tolstoi: Sewastopol im Dezember 1854. In: Ders.: Erzählungen. Übersetzt von B. Heitkam. Stuttgart 2002, S. 13.
220 Vgl. Christine Müller-Scholle: Nachwort. In: Tolstoi: Erzählungen, wie Anm. 219, S. 451.
221 Ebd., S. 453.
222 Tolstoi: Sewastopol, wie Anm. 219, S. 13.
223 Ebd., S. 10f.

224 Tagebucheintrag vom 9.8.1857; zit. nach Matthias Rude: Antispeziesismus. Die Befreiung von Mensch und Tier in der Tierrechtsbewegung und der Linken. Stuttgart 2013, S. 134.

225 Vgl. Martin Droene: Tolstoj und Dostojewskij. Zwei christliche Utopien. Göttingen 1969.

226 Eugen Drewermann: Der Krieg und das Christentum, wie Anm. 8, S. 219.- Drewermann kritisiert allerdings heftig den rigorosen Moralismus Tolstois und insbesondere den – sehr unfriedlichen – Umgang des alternden Dichters mit seiner Ehefrau Sóphia Andréjevna.

227 Leo Tolstoi: Rede gegen den Krieg; zit. nach Armin Rohrwick: »Du sollst nicht töten – unter keinen Umständen«. In: Publik-Forum Extrathema Leben. Juni 2022, S. 44.

228 Zit. nach ebd., S. 45.

229 Näheres bei Hermann Wohlgschaft: Karl May. Leben und Werk. Bd. 3. Bargfeld 2005, S. 1606f.

230 Karl May: Gesammelte Reiseerzählungen Bd. XXX: Und Friede auf Erden! Freiburg 1904, S. 491.

231 Vgl. oben Kap. II.

232 Vgl. oben Kap. IV.1.

233 Zit. nach Hansotto Hatzig: Bertha von Suttner und Karl May. In: Jahrbuch der Karl-May-Gesellschaft 1971. Hg. von C. Roxin. Hamburg 1971, S. 246.

234 Karl May: Gesammelte Reiseerzählungen Bd. XXXI: Ardistan und Dschinnistan. Band 1. Freiburg 1909, S. 15.

235 Ebd., S. 17.

236 Vgl. oben Kap. IV.

237 Karl May: Gesammelte Reiseerzählungen Bd. XXXII: Ardistan und Dschinnistan. Band 2. Freiburg 1909, S. 386.

238 Ebd., S. 407.

239 Ebd., S. 408.

240 Kurt Tucholsky: Der bewachte Kriegsschauplatz. In: Die Weltbühne (4.8.1931).

241 Dazu Dirk Walter: Interpretation. Kurt Tucholsky: Der Graben. Stuttgart 2003, S. 5ff.

242 Erich Maria Remarque: Im Westen nichts Neues. Frankfurt/ Berlin/Wien 1983, S. 98.

243 Ebd., S. 99.

244 Ebd., S. 50.

245 Vgl. z.B. Dieter Thiele: Bertolt Brecht: Mutter Courage und ihre Kinder. Frankfurt a.M. 1985.

246 Arno Schmidt: Leviathan oder die beste der Welten. In: Ders.: Leviathan. Frankfurt a.M. 1985, S.58.- Vgl. Hermann Wohlgschaft: Und wo ist Gott? Die Theodizeefrage in Dichtung und Theologie. Würzburg 2022, S. 103ff.

247 Heinrich Böll: Wanderer, kommst du nach Spa .... Erzählungen. München 1971, S. 36.

248 Ebd., Klappentext.

249 Wolfgang Borchert: Draußen vor der Tür. In: Ders.: Das Gesamtwerk. Hamburg 290. Tausend, S. 164.

250 Ebd., S. 165.

251 Am 11. Juni 2022 wurde das Stück auf der Brechtbühne in Augsburg als deutschsprachige Erstaufführung in Szene gesetzt.

252 Isabel Allende: Inés meines Herzens, wie Anm. 4, S. 31.

253 Ebd., S. 47.

254 Ebd., S. 140.

255 Ebd., S. 378.

256 Susan Abulhawa: Während die Welt schlief. Aus dem Amerikanischen von S. Fahrner. München 2013, S. 7.

257 Ebd.

258 Vgl. Michael Brenner: Geschichte des Zionismus. München 2002.

259 Vgl. oben Kap. I.1.

260 Botho Strauß: Saul. Hamburg 2019, S. 28.

261 Ebd., S. 57.

262 Ebd., S. 68.

263 Vgl. oben Kap. I.1.

264 Strauß: Saul, wie Anm. 260, S. 33 u.ö.

265 Botho Strauß in einem Brief vom 3.1.2013 an Wolgang Rihm.
In: Strauß: Saul, wie Anm. 260, S. 80.

266 Strauß: Saul, wie Anm. 260, S. 62.

267 Michael Köhlmeier: Geschichten von der Bibel. München 2021,
S. 556.

268 Ebd., S. 10.

269 Ebd., S. 556f.

270 Michael Köhlmeier: Matou. München 2021, S. 545.

271 Vgl. oben Kap. II.8.

272 Bernhard Schlink: Olga. Zürich 2019, S. 106.

273 Ebd., S. 43.

274 Ebd., S. 55.

275 Ebd., S. 60.

276 Ebd., S. 64.

277 Friedrich Christian Delius: Die Liebesgeschichtenerzählerin.
Reinbek 2017, S. 14.

278 Ebd., S. 98.

279 Ebd., S. 52.

280 Ebd., S. 35.

281 Ebd., S. 141.

282 Ebd., S. 146.

283 Ebd., S. 150.

284 Eva Menasse: Dunkelblum. Köln 2021, S. 254.

285 Ebd., S. 471.

286 Ebd., S. 255.

287 Christoph Ransmayr: Der Fallmeister. Eine kurze Geschichte
vom Töten. Frankfurt a.M. 2021, S. 107.

288 Ebd., S. 215.

289 Papst Franziskus sagte dies wiederholt, beispielsweise in der
Ostermesse am 17.4.2022.

290   Auch der amerikanisch-alliierte Überfall auf den Irak (2003), der ja ungestraft erfolgte, könnte Putin als ermutigendes Exempel gedient haben.

291   Giovanni di Lorenzo in einem Interview mit Cordula Homann und Daniel Wirsching. In: Augsburger Allgemeine Nr. 112 (16.5.2022), S. 12.

292   Markus Vogt: Christsein in einer fragilen Welt. Revisionen der Friedensethik angesichts des Ukrainekrieges. In: zur debatte 1/2022, S. 40-44.

293   Ebd., S. 41.

294   Anselm Grün in einem Interview mit Daniel Wirsching. In: Augsburger Allgemeine Nr. 113 (17.5.2022), S. 9.

295   Jürgen Habermas in der Süddeutschen Zeitung vom 28.4.2022.

296   Giovanni di Lorenzo, wie oben Anm. 291.

297   Nach einer Umfrage für RTL/n-tv vom 16.6.2022.

298   Annette Kurschus im Bremer ›Weser-Kurier‹; zit. nach einer Meldung des Evangelischen Pressedienstes (epd) vom 14.4.2022.

299   Laut epd-Bericht vom 3.3.2022.

300   Ebd.

301   Landesbischof Bedford-Strohm in einem Interview vom 19.7.2022. In: Augsburger Allgemeine Nr. 165 (20.7.2022), S. 10.

302   Zit. nach Florian Zollmann: Keine Stenografen der Macht. In: Publik-Forum. Extrathema Frieden. Mai 2022, S. 16.

303   Vgl. oben Kap. III.3-8.

304   Bischof Overbeck am 15.4.2022 in der Süddeutschen Zeitung.

305   Die katholischen Theologieprofessoren Josef Freise, Thomas Nauerth, Stefan Silber und Egon Spiegel widersprachen dieser Auffassung umgehend in einer gemeinsamen Erklärung: Das Friedenspotential der Religionen komme in der ›Justitia et pax‹-Erklärung zu wenig zur Geltung.- Bischof Heiner Wilmer bekannte, er persönlich »ringe massiv« mit der Frage

nach Waffenlieferungen an die Ukraine; »dieses Thema zerreißt mich«, sagte er in einem Zeitungsinterview in Osnabrück (12.6.2022).- So gesehen ergeht es dem katholischen Bischof Wilmer nicht anders als seinem evangelischen Kollegen Bedford-Strohm (vgl. oben Anm. 301).

306 Dazu Sabine Rennefanz: Rüstungsexporte in die Ukraine. In: DER SPIEGEL (28.4.2022).

307 Laut dpa-Bericht vom 29.4.2022.

308 Wolfgang Thierse: Schwerter zu Pflugscharen – das bleibt das Ziel. In: Publik-Forum. Extrathema Frieden, wie Anm. 302, S. 13.

309 Richard David Precht in der Folge 28 (11.3.2022) in seinem für das ZDF gemeinsam mit Markus Lanz produzierten Podcast.

310 Dieser Appell wurde am 29.6.2022 in der Wochenzeitung DIE ZEIT publiziert.

311 Andrij Melnyk fiel immer wieder auf durch rüpelhafte Bemerkungen, unausgegorene Maximalforderungen und völlig unangemessene Kritik an deutschen Politikern. Weitaus schlimmer noch ist Melnyks öffentliche Heldenverehrung für den ukrainischen Partisanenführer und Nazi-Kollaborateur Stepan Bandera: einen verurteilten Kriegsverbrecher, der polnische, jüdische und ukrainische Zivilisten ermorden ließ.- Am 9.7.2012 wurde Melnyk durch den ukrainischen Präsidenten als Botschafter entlassen.

312 Zit. nach einem dpa-Bericht vom 30.6.2022.

313 Umfrage, wie oben Anm. 297.

314 Konstantin Wecker in einem Interview mit Josef Karg. In. Augsburger Allgemeine (23.4.2022) Nr. 93, S. 11.

315 Zit. nach Josef Karg: Pazifist und Revoluzzer. In: Augsburger Allgemeine Nr. 124 (2022), S. 2.

316 Zit. nach Uwe Birnstein: Krieg soll nach Gottes Willen nicht sein! Die Stimme des Pazifismus darf nicht verstummen. Ein Gespräch mit Margot Käsmann und Konstantin Wecker. In: Publik-Forum. Extrathema Frieden, wie Anm. 302, S. 9.

317 Ebd.

318 Bischof Friedrich Kramer in Publik-Forum. Extrathema Frieden, wie Anm. 302, S. 12.

319 Im April 2022 kritisierte ›Pax Christi‹ konktret die Forderung des Außenbeauftragten der EU, Josep Borrell, den »Schwerpunkt auf Waffenlieferungen« für die Ukraine zu legen.

320 Stephan Langer: Fragen stellen. In: Christ in der Gegenwart. 74. Jg. (20.3.2020), S. 1.

321 Dazu Joachim Garstecki: »Wir haben uns geirrt.« In: Publik-Forum (24.3.2022); Martin Pilgram: Grundlinien der Soziallehre sind nicht naiv. In: zur debatte 2/2022, S. 16f.- Vgl. oben Kap. III.7.

322 Bischof Peter Kohlgraf in einem Interview mit der Katholischen Nachrichtenagentur (1.4.2022).

323 Außerdem ist zu bedenken: Kriminelle Banden können Waffen wie Panzerfäuste oder Gewehre aus dem Land schmuggeln und auf dem Schwarzmarkt verkaufen. Terroristen könnten mit schultergestützten Nato-Flugabwehrraketen Passagierflugzeuge abschießen. Solche Befürchtungen liegen durchaus nahe. Schon vor dem Krieg war ja die Ukraine eine Drehscheibe des Waffenschmuggels.

324 Thomas Söding: Der Krieg fordert Opfer. Werden sie es bleiben? In: Christ in der Gegenwart. 74. Jg. (13.3.2022), S. 3.

325 Stephan Langer: Erschütterungen. In: Christ in der Gegenwart. 74. Jg. (1.5.2022), S. 1.

326 Vgl. Thomas Bremer: Religion und Nation. Die Situation der Kirchen in der Ukraine. Wiesbaden 2003.

327 Tatsächlich wollen Biden, Macron, Scholz, Baerbock, Habeck u.a. mit Putin ernsthaft verhandeln. Aber Putin will es offenbar (noch) nicht.

328 Papst Franziskus in einem Interview vom 3.5.2022 in der Corriere della Sera.

329 Zit. nach Julius Müller-Meiningen: Irritierender Rotkäppchen-Vergleich. In: Augsburger Allgemeine Nr. 137 (17.6.2022), S. 16.

330 Vgl. ebd.

331 Eugen Drewermann in der ›Evangelische Zeitung‹ vom 11.3.2022.

332 Peter Eicher: Wie können Sie über Russlands Verbrechen hinweggehen? Offener Brief an Eugen Drewermann. In: Publik-Forum (30.4.2022).

333 Vgl. oben Kap. IV.5.

334 Eugen Drewermann: Der Krieg und das Christentum, wie Anm. 8, S. 374.

335 In der Ukraine gibt es laut der Verfassung von 1996 ein Recht zur Kriegsdienstverweigerung, aber nur für kleine religiöse Randgruppen (z.B. die Zeugen Jehovas). Orthodoxe oder katholische Christen haben kein Recht auf Kriegsdienstverweigerung. In Russland gelten ähnliche Bestimmungen.

336 Thierse, wie Anm. 308, S. 14.

337 So z.B. Heribert Prantl in einer NDR-Sendung vom 10.4.2022.

338 Ebd., S. 15.- Vgl. Rüdiger von Fritsch: Zeitenwende. Putins Krieg und die Folgen. Berlin 2022.

339 Vgl. oben Kap. I und III.

340 Söding, wie Anm. 324; Hervorhebungen von mir.

Personenregister

Impressum

Bibliografische Information der
Deutschen Nationalbibliothek:
Die Deutsche Nationalbibliothek verzeichnet diese Publikation in
der Deutschen Nationalbibliografie;
detaillierte bibliografische
Daten sind im Internet über http://dnb.d-nb.de abrufbar.

© VERRAI-VERLAG · 70469 Stuttgart

1. Auflage Oktober 2022

Cover-Gestaltung:
Crossmediabureau

Bildquelle Titelbild:
Stock Pixabay 20

Printed in Germany
ISBN 978-3-948342-69-2